Vivre ensemble

Collection «Réalisation»
dirigée par Jacques Lalanne

Ouvrages parus dans la collection

LE PARENT ENTRAÎNEUR
Quelle sorte de parent êtes-vous?
par Claire Leduc

LES QUATRE CLÉS DE L'ÉQUILIBRE PERSONNEL
Quand il faut soigner sa vie
par Jacques Lafleur, psychologue
et Robert Béliveau, médecin

L'ÉCOLE QUALITÉ
Enseigner sans contraindre
par William Glasser, médecin

William Glasser, M.D.

Vivre ensemble

Les Éditions
LOGIQUES

Données de catalogage avant publication (Canada)

Glasser, William, 1925-

Vivre ensemble

(Collection Réalisation)

Traduction de: Staying together

Comprend des réf. bibliogr.

ISBN 2-89381-351-8

1. Mariage. 2. Relations entre hommes et femmes.
3. Commande, Théorie de la. I. Titre. II. Collection.

HQ734.G5614 1996 158'.24 C96-940464-6

LOGIQUES est une maison d'édition agréée par les organismes d'État responsables de la culture et des communications.

Titre original de l'ouvrage: *Staying together*
Publié par: Harper Collins Publishers inc.

Traduction de l'américain par: Jean-Pierre Laporte
Révision linguistique: Johanne Guilloux-Gauthier, France Lafuste
Mise en pages: Martin Gascon
Graphisme de la couverture: Christian Campana

Distribution au Canada:
Logidisque inc., 1225, rue de Condé, Montréal (Québec) H3K 2E4
Téléphone: (514) 933-2225 • Télécopieur: (514) 933-2182

Distribution en France:
Librairie du Québec, 30, rue Gay-Lussac, 75005 Paris
Téléphone: (33) 1 43 54 49 02 • Télécopieur: (33) 1 43 54 39 15

Distribution en Belgique:
Vander Éditeur, avenue des Volontaires, 321, 13-1150 Bruxelles
Téléphone: (32-2) 762-9804 • Télécopieur: (32-2) 762-0662

Distribution en Suisse:
Diffusion Transat s.a., route des Jeunes, 4 ter C.P. 125, 1211 Genève 26
Téléphone: (022) 342-7740 • Télécopieur: (022) 343-4646

Les Éditions LOGIQUES
1247, rue de Condé, Montréal (Québec) H3K 2E4
Téléphone: (514) 933-2225 • Télécopieur: (514) 933-3949

Les Éditions LOGIQUES / Bureau de Paris, 110, rue du Bac, 75007 Paris
Téléphone: (33) 1 42 84 14 52 • Télécopieur: (33) 1 45 48 80 16

Vivre ensemble

© Les Éditions LOGIQUES inc., 1996, pour la version française
© 1995 by William Glasser, Inc., Joseph Paul Glasser, Alice Joan Glasser and Martin Howard
 Glasser. All rights reserved.

Publié avec l'accord de Harper Collins Publishers inc.

Dépôt légal: Deuxième trimestre 1996
Bibliothèque nationale du Québec
Bibliothèque nationale du Canada

ISBN 2-89381-351-8
LX-381

Sommaire

Chapitre 1

Comment j'ai choisi ma deuxième femme

À la fin de l'année 1992, Naomi, celle qui avait été ma femme pendant quarante-six ans, mourait d'un cancer après une brève maladie. Nous entretenions d'excellentes relations et nous avions été particulièrement proches durant les six mois de sa maladie. Avant sa mort, nous avions parlé de l'avenir avec une grande franchise. Nous avions discuté de la façon dont j'allais conduire ma vie avec nos enfants, nos petits-enfants, nos biens et mon travail. Depuis, je ne me suis pas écarté de ce que je lui avais promis. Nous avions aussi discuté de ma vie sentimentale. Comme elle me connaissait très bien, elle m'avait dit que j'aurais besoin d'une nouvelle conjointe. Elle souhaitait que je trouve la bonne personne. Je ne pensais pas, quant à moi, souffrir autant de la solitude. Mais elle avait raison. Après toutes ces années de mariage, je n'étais pas fait pour le célibat.

Il y a beaucoup d'avantages à chercher l'amour à un âge où plusieurs des problèmes qui généralement l'accompagnent – l'argent, les enfants, le manque de temps libre – ne se posent plus. Et pourtant, trouver quelqu'un ne s'est pas avéré facile. J'ai rencontré des femmes certes intéressantes, mais la bonne personne m'échappait toujours. Je ne suis pas naïf en ce qui a trait aux femmes et, comme psychiatre, j'en sais un peu plus que bien des gens sur l'amour et la sexualité. J'avais une bonne idée de ce que je cherchais et je n'avais pas l'intention de me contenter de moins. Je m'attendais à commettre des erreurs et effectivement, j'en ai commis. Mais ces erreurs m'ont beaucoup appris. J'ai alors commencé à jongler avec l'idée d'écrire ce livre.

Et puis un jour, la chance m'a souri. Carleen Floyd, de Cincinnati, était formatrice dans mon organisation. Je la connaissais et l'admirais professionnellement depuis presque dix ans. Et j'appris qu'elle divorçait! Je lui écrivis.

Dans cette lettre, je lui disais que je la trouvais intéressante et attirante; j'ajoutais que je sentais bien qu'elle éprouvait les mêmes sentiments à mon égard. Je lui proposais de lui rendre visite chez elle et de la recevoir chez moi, pour voir si nous finirions par nous aimer. Je terminais en disant que la vie était trop courte pour ne pas rechercher la passion et j'ajoutais qu'elle et moi, j'en étais persuadé, nous pouvions vivre quelque chose de très excitant.

Carleen a répondu aussitôt favorablement. Deux mois plus tard, nous nous rencontrions pour la première fois chez elle. Nous nous sommes sentis fortement attirés l'un par l'autre. Et nous sommes tombés d'accord: nous avions passé un week-end pour ainsi dire parfait. Nous nous sommes retrouvés à nouveau, lors d'un long week-end chez moi, et encore une fois chez elle deux semaines plus tard. C'était toujours parfait. Deux jours avant le Nouvel An, même si nous n'avions pas prévu de nous voir pendant les vacances, je l'ai appelée pour lui demander de venir me rejoindre. Elle est arrivée l'après-midi, la veille du jour de l'An.

Quand Carleen a repris l'avion, vingt-quatre heures plus tard, il n'était plus question d'une simple attirance: nous étions profondément amoureux et, chose tout aussi importante, nous étions en train de devenir de bons amis. J'ai alors commencé ce livre, inspiré par cet amour et cette amitié qui durent toujours et sont plus forts que jamais, en espérant que ce que nous avons appris avant et après notre rencontre puisse servir à d'autres.

Chapitre 2

La théorie du contrôle et la vie à deux

Nous avons presque tous été amoureux, généralement plusieurs fois dans notre vie. Mais fort peu d'entre nous réussissent à le rester pendant une assez longue période. C'est la même chose pour la sexualité. Nous nous trouvons bien avec un partenaire excitant, mais nous ne parvenons pas à maintenir l'excitation. De toutes les formes de relations humaines, un bon mariage (ou une relation amoureuse à long terme) se révèle la plus difficile à maintenir. Moins de la moitié d'entre nous parvient à rester en couple une vie durant. Et de ce nombre, peu réussissent à connaître la fin heureuse des contes de fée: «Ils vécurent heureux jusqu'à la fin de leurs jours.»

Nous nous contentons trop souvent de bien moins. Nous restons ensemble sans éprouver du plaisir, longtemps après la disparition presque totale de l'amour et de la relation sexuelle. Bien des raisons nous y incitent: les enfants, l'argent, la religion. Mais au fond, c'est surtout la peine sous-jacente, la honte et la peur de rompre et de devoir repartir à zéro qui nous retiennent de divorcer ou de nous séparer.

Comme nous espérons tous préserver amour, sexualité et vie de couple, nous consacrons beaucoup d'efforts et même d'argent à essayer de trouver les moyens d'y parvenir. Nous cherchons de l'aide un peu partout, du courrier du cœur à la psychiatrie, mais la plupart du temps sans succès, car nous voulons presque tous en fait qu'on nous explique comment mettre au pas nos partenaires. Et bien peu des prétendus experts nous apprennent cette vérité: quel que soit l'état dans lequel se trouve notre relation, nous ne pouvons jamais changer que nous-mêmes. De plus, la plupart d'entre nous ne parviennent pas à admettre l'évidence: en matière de sexualité, d'amour et de couple, la plupart des personnes-ressources n'ont pas plus de succès que ceux qui font appel à elles.

Voici la raison pour laquelle on ne nous apprend pas que c'est nous-mêmes qui devons changer: presque tous, y compris ceux qui conseillent les personnes malheureuses en ménage, nous suivons la psychologie fondée sur le principe stimulus-réponse. Selon cette théorie, nos malheurs sont causés par des événements extérieurs ou des situations qui nous échappent. Disons, pour simplifier, que la psychologie stimulus-réponse nous conduit à croire que si nous ne parvenons pas à vivre une relation heureuse, c'est la faute des autres, pas la nôtre.

Ainsi, en cherchant de l'aide auprès d'amis ou de spécialistes, nous nous faisons confirmer ce que nous savons déjà: nous avons le mauvais partenaire, et il ou elle doit modifier son comportement pour que nous puissions être heureux. Mais nous, nous ne changeons pas; notre partenaire, lui, ne change pas non plus, et notre malheur perdure. Or, il nous faut absolument comprendre ceci: la seule vie que nous puissions contrôler, c'est la nôtre et, dans presque tous les cas, nous pouvons effectivement décider de changer. Et si nous apportons des modifications à notre vie, il y a de fortes chances que notre partenaire décide lui aussi de changer. S'il ou elle évolue dans le bon sens, notre union peut grandement s'améliorer. Donc, je le répète, nous ne pouvons transformer que notre propre vie; nous ne pouvons pas modifier ce que font les autres. Ce livre est consacré à cette vérité première. Quand nous ignorons cette vérité, nous nous lançons à l'aveuglette dans la sexualité, l'amour et la vie de couple, et pour beaucoup d'entre nous, c'est la catastrophe.

Pour apporter les changements nécessaires à l'amélioration de nos relations amoureuses, nous devons d'abord en apprendre beaucoup plus sur nous-mêmes. Ce livre s'emploie à cette tâche. Et ce faisant, nous en apprendrons également bien plus sur nos partenaires et les relations que nous entretenons avec eux. Pour y parvenir, je présenterai ici une nouvelle forme de psychologie immédiatement applicable dans votre vie: la *théorie du contrôle*. En nous initiant à la théorie du contrôle, en découvrant que nous sommes tous des systèmes de contrôle, nous parviendrons à abandonner la psychologie stimulus-réponse et ses effets destructeurs. Car elle est la cause de bien des échecs, et la plupart des malheurs vécus dans nos relations amoureuses proviennent d'elle.

J'étudie et j'enseigne la théorie du contrôle depuis plus de quinze ans. Au début, je l'enseignais à des conseillers et à des gestionnaires, mais il est vite devenu évident pour moi qu'il fallait aussi l'enseigner aux personnes que ces derniers conseillaient et dirigeaient. Or, ce qui est surprenant, de nombreux conseillers et gestionnaires, qui avaient appris cette théorie d'abord pour s'en servir dans leur travail, m'ont dit l'avoir trouvée utile également dans toutes les dimensions de leur vie, et, en particulier, dans leurs. relations personnelles, en premier lieu dans leur vie de couple. Cette théorie ne vous dit pas comment agir, mais elle vous montre clairement ceci: en tant que système de contrôle, vous seul choisissez de faire tout ce que vous voulez faire. Armé de ce savoir et d'autres éléments de base de cette théorie, vous apprendrez à faire de meilleurs choix.

Par exemple, à de nombreuses reprises lors de notre vie de couple, nous éprouvons colère ou déprime et, si nous ne connaissons pas la théorie du contrôle, nous n'admettrons jamais avoir nous-mêmes choisi cette colère ou cette déprime. Nous pensons qu'un autre en est la cause, par ce qu'il fait ou ne fait pas. Or, en apprenant la théorie du contrôle, nous découvrons cette vérité: rien ne nous force à maintenir ces choix de comportements qui peuvent détruire notre couple. Il existe presque toujours de meilleurs choix.

En commençant à agir avec succès sur la base de ce nouveau savoir, nous acquérons le sentiment de contrôler notre vie, ce qui est très agréable. C'est ce sentiment de contrôle – *sur nous-mêmes et non sur les autres* – qui donne son nom à la théorie du contrôle. Bien entendu, il n'est pas nécessaire de connaître cette théorie pour assumer ce contrôle. Nous faisons cela constamment, à la fois dans notre vie de couple et en dehors de notre couple. Mais tant que nous n'avons pas assimilé la théorie du contrôle, nous nous battons pour contrôler les autres, et cela nous conduit à l'échec. Progressivement, à mesure que nous appliquons cette théorie sur nous-mêmes, il devient évident que, si nous voulons avoir la moindre chance de mener une vie plus satisfaisante, il nous faut absolument mettre en pratique l'axiome principal de la théorie du contrôle: *la seule personne que l'on puisse contrôler, c'est soi-même.*

J'ai beaucoup écrit sur cette théorie, mais j'ai conscience que pour l'appliquer plus spécifiquement aux problèmes soulevés par la sexualité, l'amour et les relations durables, il me faut encore approfondir ses concepts les plus importants que sont les besoins fondamentaux, le comportement global, la créativité, et surtout, ce que j'appelle notre monde de qualité. Dans ce livre, j'appliquerai ces concepts aux relations sexuelles. Mais vous vous apercevrez, en les découvrant, qu'ils peuvent devenir utiles dans tous les domaines de votre vie.

Chapitre 3

Nos besoins psychologiques et leurs liens avec notre personnalité

Tous les êtres vivants luttent pour rester en vie au moins assez longtemps pour se reproduire afin d'assurer la survie de leur espèce. Les espèces inférieures sont incitées à le faire par leurs gènes. Par exemple, quand les saumons arrivent à maturité, ils s'efforcent de revenir à l'endroit où ils sont nés. Les femelles y pondent leurs œufs, les mâles les fertilisent, puis, épuisés par cet effort et aussi par l'âge, tous deux meurent. Peu parmi nous ignorent l'existence de ce cycle naturel; les saumons, nous le savons, n'ont pas le choix de refuser leur sort: ils ne sauraient échapper au comportement suicidaire dicté par leurs gènes pour leur reproduction.

Nous avons, nous humains, bien plus de choix sur le plan de la reproduction. Mais pour la plupart d'entre nous, à la maturité, l'instinct sexuel est aussi fort que celui qui pousse le saumon à frayer. Quelle que soit la façon dont ce programme sexuel est inscrit dans nos gènes, il assure par cette activité la naissance suffisante de bébés pour éviter que nous ne devenions jamais une espèce menacée.

Plus impérieux encore est le programme qui nous pousse à manger et à dormir. Ce n'est pas la peine d'apprendre aux bébés à se montrer attentifs à la faim et à la fatigue; ce besoin est inscrit de façon indélébile dans leurs gènes. La différence entre les humains et les espèces inférieures, c'est que celles-ci ont dans leurs gènes des programmes de comportements reliés à leurs besoins plus complexes. Inutile d'apprendre aux saumons à revenir où ils sont nés ni de montrer aux femelles à creuser un trou au fond de la rivière pour y enfouir leurs œufs ou aux mâles à déposer leur sperme sur ces œufs. Ces comportements spécifiques sont commandés par leurs gènes.

Les humains ne possèdent presque aucun de ces comportements programmés. Quand il s'agit de reproduction, nous sommes poussés, comme le saumon, à nous livrer à une activité sexuelle, mais à la différence de ce dernier, il nous faut être initiés. On doit également nous enseigner à prendre soin des bébés. Si nous n'avions pas appris à le faire, notre espèce n'aurait jamais vu le jour. Nous avons sans doute un instinct maternel, mais il nous faut encore découvrir comment prendre soin des bébés.

Mais en ce qui concerne le comportement, nous ne naissons pas avec une case vide pour autant. Comme je vais l'expliquer dans ce chapitre, le programme contenu dans nos gènes est peut-être beaucoup moins spécifique que celui inscrit dans les gènes des poissons ou des oiseaux, mais il ne nous contraint pas moins à lui obéir. De mon point de vue, les instructions les plus importantes contenues dans notre code génétique portent sur cinq besoins fondamentaux qu'il nous faudra tenter de satisfaire notre vie durant. Pour définir ces besoins, il me faut d'abord expliquer nos sensations.

Nous éprouvons tous le besoin de lutter pour survivre: par exemple, nous cherchons quelque chose à manger lorsque nous avons faim. Mais ce qui nous pousse à continuer de lutter, c'est cette simple constatation: il est bon de manger et désagréable de ne pas manger. Ce concept simple est très important. Imaginez-vous que nous soyons nés sans cette capacité de ressentir. Notre vie serait toujours identique à elle-même, jamais bonne, jamais mauvaise. Comment savoir que nous avons faim? Comment se rendre compte qu'il faut manger? Et si même nous parvenions à prendre conscience qu'il nous faut manger, comment évaluer en quelle quantité?

L'espoir de nous sentir bien ou mieux, sur le moment ou plus tard, influence notre comportement. En fait, comme je l'expliquerai plus tard quand il sera question de notre comportement global, tout comportement se manifeste en partie par des sensations. Par exemple, j'ai hâte de manger parce que je sais par expérience que je me sentirai bien quand j'aurai satisfait mon appétit. Si la nourriture dont je dispose est insipide, je peux fort bien attendre d'avoir vraiment très faim et alors manger juste ce qu'il faut pour apaiser les affres de la faim, pas plus. Mais ce sera toujours l'espoir de calmer la faim qui dictera mon comportement.

Ainsi, chez les humains, comme chez la plupart des animaux supérieurs, c'est la capacité de distinguer les sensations agréables des sensations désagréables qui détermine tout comportement. Nous pouvons découvrir que manger de la viande procure une sensation très agréable, ce qui nous poussera à vouloir en manger. Mais nous n'avons pas besoin d'apprendre que, quand nous avons faim, manger procure une sensation agréable. Nous en faisons l'expérience et, enfants, lorsqu'on nous nourrit, nous prenons conscience de cette sensation agréable bien avant d'être conscients de ce que sont nos sensations. Les bébés des humains se rendent compte que c'est agréable de se tripoter les parties génitales bien avant d'avoir la moindre idée de ce qu'est le comportement sexuel.

Nous avons aussi la capacité de retenir ce que nous avons appris. Et ce dont nous nous souvenons le plus longtemps, c'est ce qui, à l'expérience, s'est avéré le plus agréable ou le plus désagréable. Sur la foi de ces souvenirs, nous consacrons notre vie à tenter de nous sentir bien aussi souvent que possible et à éviter du même coup le plus possible le déplaisir et la douleur. Ce qui fait qu'un besoin est fondamental, c'est que toutes les tentatives directes de le satisfaire sont fortement associées au plaisir ou à la douleur. Nous savons que ce sera très agréable de manger un repas savoureux quand nous avons faim et d'avoir une bonne relation sexuelle pratiquement en tout temps. En matière de besoins fondamentaux, nous pouvons être sûrs d'une chose: parvenir à les satisfaire procurera toujours un grand plaisir.

Supposons par exemple qu'un bon partenaire amoureux nous suggère d'arrêter de faire le ménage pour faire l'amour. Il est sans doute souhaitable de vivre dans une maison propre, mais qui oserait prétendre qu'il est préférable de continuer à faire le ménage et qu'après, s'il reste du temps, on fera l'amour? Il peut y avoir des raisons pressantes d'attendre pour faire l'amour, même si, à brûle pourpoint, il ne m'en vient pas la moindre à l'esprit. Mais nul, je pense, n'oserait prétendre que continuer à faire le ménage sera plus agréable.

C'est donc de la façon dont notre comportement influe sur nos sensations que nous vient une information vitale sur le niveau de satisfaction de nos besoins. Je n'ai traité jusqu'à présent que de notre besoin de survivre en tant qu'individus et en tant qu'espèces: si notre situation économique était sûre et que nous disposions d'un partenaire sexuel satisfaisant, nous nous sentirions probablement fort bien la plupart du temps. Mais il existe quatre autres besoins fondamentaux qui, s'ils ne sont pas satisfaits, viendront perturber le scénario précédent. Avant d'en parler, je dois vous donner quelques notions élémentaires de génétique afin que vous sachiez clairement de quoi il est question quand je fais référence à notre structure génétique.

L'ovule, le sperme, et les gènes dont ils sont porteurs

Lorsque, dans les trompes de Faloppe, le sperme féconde l'ovule pour produire la cellule unique qui, en l'espace de 280 jours, si tout se passe normalement, va se diviser et se subdiviser en milliards de fois nécessaires pour former un bébé, chacun d'eux apporte à la première cellule, qui déclenche le processus, environ 50 000 gènes. Ce sont ces 100 000 gènes qui contiennent les instructions nécessaires à l'élaboration de l'anatomie et de la physiologie de cette première cellule et de toutes les cellules subséquentes. À mesure que chacune des cellules se forme, elle reçoit une copie de ces 100 000 gènes initiaux. Si tout se déroule normalement, ces gènes commandent à chaque cellule de devenir ce qu'elle doit devenir: les cellules des cheveux donnent les cheveux, les cellules du cerveau forment le cerveau, etc.

Le ou les gènes appropriés transmettent aux cellules les instructions sur leur structure et leur fonction: un bébé normal naît avec une anatomie et une physiologie normales. Cependant, les généticiens ont déterminé que cette tâche n'accapare qu'environ 10 000 gènes, ce qui laisse 90 000 gènes sans utilité perceptible. Dans mon explication de la théorie du contrôle, je forme l'hypothèse que certains de ces gènes «excédentaires», inutiles quant à la structure et aux fonctions physiologiques, nous disent, dans les grandes lignes, comment vivre notre vie.

Plus spécifiquement, nous trouvons inscrites dans nos gènes cinq instructions fondamentales que j'appelle besoins fondamentaux. De la naissance à la mort, nos gènes nous commandent de tenter: 1) de survivre en tant qu'individus et de nous reproduire afin de survivre en tant qu'espèces; 2) de trouver l'amour et un sentiment d'appartenance; 3) d'acquérir du pouvoir; 4) d'avoir la liberté et 5) d'éprouver du plaisir. À toutes fins utiles, nos gènes ne nous commandent cependant aucun comportement spécifique à cet égard. Peu après la naissance, nous commençons à apprendre comment nous comporter, et tout le reste de notre vie nous continuons à apprendre les meilleures façons de le faire. Comme je l'ai déjà dit, nous disposons, pour ce faire, de la capacité de ressentir aussi bien le plaisir que la douleur, et plus spécifiquement de distinguer rapidement l'un de l'autre. Ainsi, toute action qui nous fait du bien le fait parce qu'elle satisfait un ou plusieurs de ces cinq besoins fondamentaux. Réciproquement, toute action ou inaction qui nous cause du déplaisir ne satisfait pas du tout ou trop peu un ou plusieurs de ces mêmes cinq besoins fondamentaux.

Notre pulsion biologique globale, c'est de nous sentir aussi bien que possible aussi vite et aussi souvent que possible. Mais presque tous, cependant, nous prenons conscience qu'il est parfois plus agréable ou moins désagréable à long terme de souffrir un peu maintenant pour nous sentir mieux plus tard. Par ailleurs, nos gènes ne sont pas parfaitement égoïstes, et nous sommes loin de n'être que des hédonistes à tous crins. Beaucoup d'entre nous se privent ou font des choses désagréables pour aider les autres. Nous agissons ainsi parce que nous pensons que c'est bien moralement et aussi, parce qu'en fin de compte, nous croyons ou espérons que nous nous en sentirons mieux.

Besoins fondamentaux et morale

Étant donné que nous sommes mus par cinq besoins fondamentaux que nous sommes obligés de satisfaire, il faut comprendre qu'il n'y a rien de moral ou d'immoral dans ce processus biologique. Le processus lui-même est neutre. Cependant, nous pouvons être amenés à satisfaire notre besoin de survie au détriment d'autres personnes. Par exemple, dans le cas classique d'un canot de sauvetage bondé dont il faut rejeter à la mer certains passagers sous peine de voir tout le monde se noyer, les forts dominent généralement la situation et décident qui doit être sacrifié. On peut bien par la suite avancer toutes sortes d'arguments pour ou contre cette décision des forts, mais, dans la plupart des cas, leur besoin de survivre prendra le dessus sur celui des plus faibles. Et certes, ce n'est pas la façon la plus morale de résoudre le problème.

En parlant de besoins, soulignons que la morale est un choix humain et non une instruction génétique. Souvent, comme dans l'exemple du canot de sauvetage, elle met en jeu un besoin, la survie (et jusqu'à un certain point, le pouvoir) aux dépens d'un autre besoin, l'amour et le sentiment d'appartenance. On peut rarement prévoir comment on parvient à une décision morale. Tout ce qu'on peut prévoir, quand il y a un conflit entre des besoins fondamentaux, c'est qu'il y aura un problème moral et qu'il n'existe aucune morale absolue. Par exemple, presque tout le monde croit au commandement «tu ne tueras point», mais il existe d'innombrables exceptions à son application, à commencer par la légitime défense.

Si tout le monde pouvait satisfaire ses besoins en tout temps, il n'y aurait pas de problèmes moraux. Mais en réalité, fort peu d'entre nous peuvent assouvir tous leurs besoins et encore, pas tout le temps; nous sommes donc perpétuellement contraints de choisir de combler un besoin au détriment d'un autre. La théorie du contrôle ne peut offrir la solution morale, mais elle peut donner la connaissance qui la rendra possible. En effet, si nous connaissons nos besoins et si nous savons en outre que, comme tous les processus naturels, ils varient en intensité d'un individu à l'autre, nous pourrons nous servir de ce savoir pour prendre des décisions morales. Dit plus simplement, nous ne pouvons changer nos besoins, mais nous pouvons agir sur la façon dont nous tentons de les satisfaire. Je reviendrai en détail sur cette question au chapitre 6, lorsqu'il sera question du monde de qualité.

Le plus physiologique de tous nos besoins: la survie

Ce besoin universel, partagé par tous les êtres vivants, se manifeste de bien des façons. Les manifestations physiologiques sont parmi les plus évidentes: manger, dormir, se tenir au chaud et une sexualité à pulsion hormonale contribuant à la survie de l'espèce. J'ai déjà parlé de tout cela. Mais chez les êtres humains, il existe des façons moins évidentes et plus psychologiques qui influent passablement sur la façon dont beaucoup d'entre nous décident de mener leur vie. Par exemple, une personne dont l'instinct de survie est très fort a tendance à se montrer très conservatrice, à prendre peu de risques, à épargner plutôt qu'à dépenser, à se préoccuper de sa sécurité, à se tenir avec des gens de son espèce, à préférer le statu quo et à se méfier des nouveautés, des nouvelles idées et des nouvelles personnes. Les individus dominés par l'instinct de survie ont tendance à s'en remettre aveuglément au bon sens, même si, dans certaines circonstances, cela ne semble pas marcher très bien.

Cela ne veut nullement dire que ce soit mal d'être ainsi: c'est la sécurité garantie. Mais les gens qui sont menés par leur instinct de survie connaissent souvent des problèmes quand ils sont confrontés à un parent, à un conjoint, ou à un enfant prodigue moins dominés par les gènes de survie. Le problème, c'est qu'on ne choisit pas sa famille; nous sommes pris avec elle. Et même si ses membres sont génétiquement plus proches de nous que ceux, amis ou conjoints, que nous avons choisis, leur structure génétique peut bien se révéler fort différente de la nôtre en raison de la variabilité génétique normale.

Comme je l'expliquerai plus tard, si nous parvenons à savoir comment nos gènes peuvent contrôler notre personnalité, nous pourrons peut-être nous servir de cette information pour choisir des partenaires plus compatibles avec notre personnalité que ne le sont les membres de notre famille. Par exemple, il serait utile de pouvoir reconnaître qu'une personne par qui nous sommes attirés possède un instinct de survie bien plus fort ou bien plus faible que le nôtre. J'évoquerai tout à l'heure en détail ces situations courantes, mais disons pour le moment que ceci ne donnerait sans doute pas une bonne vie de couple. Le conflit est ici en effet inscrit dans les gènes et, en tant que psychiatre, j'ai vu un grand nombre de mariages en péril dans lesquels ces besoins génétiquement programmés (et d'autres encore) étaient incompatibles d'un conjoint à l'autre.

C'est triste à dire mais les dépensiers et les économes sont souvent attirés l'un par l'autre: chacun espère que l'amour permettra de surmonter les faiblesses de l'autre et que son mode de vie prévaudra. C'est demander beaucoup à l'amour; plus qu'il ne peut généralement donner. Ces mariages sont rarement heureux, même si les conjoints restent ensemble, ce qu'ils font généralement parce que le partenaire dont l'instinct de survie est très fort abhorre le divorce.

C'est pourquoi il faut se soucier non seulement de connaître ses besoins propres, mais aussi leur intensité. C'est l'intensité de nos besoins qui forme notre personnalité, comme nous le verrons en détail au chapitre 5.

Notre premier besoin psychologique: l'amour et le sentiment d'appartenance

Comme je l'ai expliqué à propos de la survie, même un besoin fondamentalement physiologique comme celui-là a de nombreuses implications psychologiques quand il s'agit de nos relations avec les autres. Mais ce sont les ramifications psychologiques des autres besoins – l'amour, le pouvoir, la liberté et le plaisir – qui nous causent le plus de problèmes quand nous nous efforçons de maintenir une relation. Ce n'est pas parce qu'un besoin doit être satisfait sur le plan psychologique, comme c'est certainement le cas de l'amour et du sentiment d'appartenance, que ces instructions psychologiques sont moins pressantes que celles de la survie. Par exemple, les êtres humains sont fondamentalement les seules créatures qui se suicident en toute connaissance de cause, et il est bien évident qu'aucune créature dominée par l'instinct de survie, comme le sont la plupart des animaux, ne pourrait se suicider.

Quand on étudie le suicide, et en particulier les petits mots que les gens laissent derrière eux pour expliquer leur geste, il apparaît que ceux qui s'enlèvent la vie éprouvent de grandes difficultés à satisfaire un ou plusieurs de leurs besoins psychologiques d'amour, de pouvoir et de liberté. Mais la plupart des indices mettent en évidence leur incapacité de trouver suffisamment d'amour. Dans ces mots, ils affirment ne pas avoir assez d'amour et ne plus espérer non plus en recevoir jamais assez pour que leur vie vaille la peine d'être vécue. La douleur de vivre avec trop peu d'amour est plus qu'ils ne peuvent supporter, et le suicide est leur façon de se débarrasser de cette douleur.

Nous avons tellement besoin d'amour qu'un roman presque exclusivement consacré à l'amour, *Sur la route de Madison,* a pu rester sur la liste des best-sellers pendant plusieurs années. La solitude est probablement l'une des plus douloureuses de toutes les expériences humaines et beaucoup de lecteurs, en particulier des femmes, s'identifient à l'héroïne solitaire du livre et sont bouleversés par la force de sa brève mais intense expérience sexuelle. La popularité de ce livre indique aussi que beaucoup de gens, et là encore essentiellement des femmes, ne veulent non pas plus de sexe mais plus de sexe amoureux.

Le succès de ce livre illustre clairement ce que j'essaie de démontrer ici: nous voulons tous l'amour, nous voulons tous éprouver un sentiment d'appartenance, mais beaucoup d'entre nous avons de la difficulté à imaginer comment trouver ce dont nous avons génétiquement besoin. Nous pourrions croire pourtant que si nous le voulons tous si fort, ce besoin d'amour devrait être facile à trouver. Mais ce n'est pas le cas. Pour recevoir suffisamment d'amour, nous dépendons nécessairement d'une autre personne. Or nous n'avons aucun contrôle sur les autres. Vous aurez beau me dire que vous m'aimez, cela ne vous assurera pas que j'éprouverai les mêmes sentiments à votre égard. Il est également difficile de trouver suffisamment d'amour parce qu'il existe de grandes différences dans ce que chacun d'entre nous considère comme suffisant.

Les femmes, probablement à cause de leur rôle de mère, semblent avoir besoin de plus d'amour que les hommes et, si l'on en croit les statistiques, elles ont tendance à épouser des hommes qui n'en ont pas autant besoin qu'elles. Quand une femme épouse un homme qui se contente de bien moins d'amour et d'attention qu'elle, les deux partenaires sont frustrés: elle parce qu'il ne lui en donne pas assez, et lui parce que ses besoins moins grands l'empêchent de comprendre pourquoi elle en donne autant et en veut autant en retour. Ainsi donc, comme pour l'instinct de survie, les gens varient considérablement quant à la quantité d'amour programmée dans leurs gènes.

Un homme dont l'instinct de survie est très fort voudra une sexualité très active et, au début, il montrera de l'amour en échange de cette sexualité. Sa partenaire, elle aussi poussée par l'instinct de survie, souhaitera elle aussi une sexualité active. Tous deux seront les dupes de cette sexualité initiale et de son intensité. Mais si son besoin d'amour à lui s'avère modéré et si le sien à elle est élevé, elle sentira vite qu'il lui manque quelque chose et s'éloignera peut-être. Quant à lui, sa frustration pourra le faire décrocher à son tour et la vie de couple en souffrira. Comme la plupart des gens ne comprennent pas cela, ils fondent leur vie de couple sur l'espoir au lieu de tenter de découvrir s'ils sont compatibles quant à la quantité d'amour dont l'un et l'autre ont besoin.

Il y a un autre problème. L'un des partenaires, généralement la femme, reconnaît que l'autre a besoin de moins d'amour, mais se montre quand même attiré. Poussée par son intense besoin d'amour, elle croit qu'elle saura l'aimer tellement que son amour à elle fera surgir en lui un besoin jusqu'alors non manifesté mais qui, elle en est persuadée, est bien là. Mais dans la plupart des cas, il n'est pas latent, il est tout simplement absent, et de telles vies de couple sont généralement très malheureuses.

Il existe cependant des variations. Beaucoup de femmes et d'hommes sont remplis d'amour pour les enfants, mais semblent incapables d'aimer un adulte avec la même intensité. Cela vient peut-être du fait que les enfants, et en particulier les petits enfants, exigent énormément d'attention et de soins, choses très agréables à donner. Par ailleurs, les parents n'attendent pas beaucoup en retour de la part d'un petit enfant: généralement, il leur suffit de voir l'enfant heureux.

À mesure que les enfants grandissent, nous nous mettons à attendre davantage d'eux, et avec les adultes, conjoints ou enfants, nous attendons presque toujours plus en retour que ce que nous donnons. Quand nous ne recevons pas ce que nous attendions, nous nous montrons moins capables ou moins désireux de créer une relation adulte empreinte d'amour; nos relations avec des enfants adultes peu aimants dont nous ne pouvons divorcer sont souvent aussi douloureuses et décevantes qu'une vie de couple sans amour.

La sexualité aussi présente des problèmes. Tout comportement répété sans cesse avec la même personne a tendance à devenir ennuyeux parce que nous savons à quoi nous attendre. Il y a deux façons de résoudre le problème: se chercher un nouveau partenaire ou apporter un peu de créativité à la relation existante. D'après mes observations, la plupart des gens se cherchent un nouveau partenaire ou fantasment à ce sujet. Fantasmer s'avère nettement plus sûr, si l'on en juge par le chaleureux accueil réservé à *Sur la route de Madison*, y compris par des personnes dites raffinées. Les personnes moins raffinées, elles, ont rendu riches les auteurs et les éditeurs des romans Harlequin grâce à l'exploitation de ces mêmes fantasmes.

Mais beaucoup de gens, et en particulier ceux qui ont un instinct de survie et un besoin d'amour particulièrement forts, ont trop d'hormones et de désir de véritable contact humain pour se contenter de fantasmes. Poussés par le besoin d'amour physique, si ce qui semble être une bonne occasion se présente à eux, ils se trouvent un partenaire en dehors du mariage, comme l'a fait Francesca dans *Sur la route de Madison*. Mais ce livre illustre par ailleurs une autre vérité: malgré des exceptions récentes ou anciennes, nous formons dans l'ensemble une société monogame, poussée par l'instinct de survie. Les aventures amoureuses sont dangereuses pour notre sécurité. Finalement, Francesca s'est contentée de ses fantasmes. Il est plus courant de passer d'une relation monogame à une autre que d'avoir plusieurs partenaires sexuels en même temps.

Malheureusement, la forte insistance mise par les médias sur une vie sexuelle épanouie crée des attentes que peu de gens peuvent satisfaire dans une relation monogame à long terme. Certaines personnes s'en tirent en s'engageant dans des aventures à long terme qui, à première vue, sont semblables à la monogamie, mais s'avèrent bien plus satisfaisantes sur le plan sexuel pour diverses raisons. D'abord parce que ces personnes ont tendance à choisir leurs partenaires extraconjugaux bien plus soigneusement qu'elles n'ont choisi leur conjoint. Elles tendent aussi à préférer des gens qui ont les mêmes besoins qu'elles. Et à cause de la nécessité du secret, elles ont tendance à mieux les traiter. Ensuite, pour que la sexualité à long terme avec le même partenaire reste satisfaisante, les partenaires doivent penser souvent au sexe, et les gens qui ont des aventures cachées pensent beaucoup au sexe, ce qui donne à l'aventure amoureuse un avantage marqué sur le plan de la sexualité.

Pour qu'une aventure cachée dure, il faut que les deux partenaires fassent preuve de créativité et, partagée, celle-ci se révèle hautement délectable. Et comme la sexualité avec un partenaire désirable et génétiquement compatible est en soi très satisfaisante, les aspects créatifs d'une aventure amoureuse ajoutent plusieurs couches de crème au gâteau. Les distractions quotidiennes de la vie de couple détournent souvent de la sexualité. Une aventure ne connaît pas ces distractions, ce qui augmente encore son attrait. Ainsi, beaucoup de gens vivant une aventure trouvent que le risque en vaut la chandelle.

Le partenaire fidèle, lui, qu'il soit au courant ou non de l'aventure de son conjoint, trouve peut-être son combat inégal. Et si l'on considère la routine de la vie de couple et l'absence de routine d'une aventure, on ne peut que lui donner raison. On le voit souvent quand survient le divorce, quand ce qui n'était qu'une aventure devient à son tour une vie de couple avec tout ce que cela implique. Un ex-mari qui vient chercher les enfants regarde souvent son ex-femme avec un certain désir: elle lui paraît bien plus attrayante, particulièrement si elle s'est trouvée un amoureux, que lorsqu'elle était sa femme.

Peut-être êtes-vous en train de vous dire que je peins les aventures sexuelles de couleurs trop attrayantes. Mais, en réalité, je n'ai fait que décrire sous un jour favorable une relation sexuelle

amoureuse et créative. Et c'est probablement la chose la plus attrayante qui soit au monde. Mais je ne prétends nullement qu'une
telle chose n'existe qu'en dehors du mariage. Peut-être n'y a-t-il
pas assez de mariages heureux, mais il y en a quand même beaucoup. S'ils sont heureux, c'est parce que les partenaires travaillent
à créer ce que je viens de décrire ici. Car ceci n'est pas inscrit
dans nos gènes, comme le frai; il nous faut l'apprendre. La plupart d'entre nous n'apprennent pas à aimer suffisamment; c'est
ainsi que les mariages échouent et que les aventures se produisent. La théorie du contrôle nous offre une bonne partie de ce
qu'il nous faut savoir à ce sujet.

Enfin, et c'est le cœur même de la théorie du contrôle, aucun
être humain ne veut être contrôlé par un autre. Quand je traiterai
du besoin de pouvoir, je signalerai que presque tout le monde
s'efforce de satisfaire ce besoin en tentant de contrôler les autres.
Ce n'est jamais une façon gratifiante d'entretenir des relations
avec quiconque. Les amis semblent comprendre cela et les bons
amis ont tendance à se montrer tolérants et à ne pas vouloir exercer de contrôle. Mais cette volonté de contrôle s'avère particulièrement désastreuse quand il est question d'amour et de sexualité.
Le sexe amoureux consiste à donner, et contrôler, au contraire,
c'est prendre. Ainsi, se livrer sur une autre personne au plaisir du
pouvoir nuit à l'amour et ruine presque toute possibilité de relation sexuelle satisfaisante. Si les deux partenaires s'y livrent, il
devient pratiquement impossible d'avoir une relation sexuelle satisfaisante.

Une autre raison de l'attrait qu'exerce une aventure amoureuse,
c'est qu'il est très difficile de contrôler son partenaire dans une
relation secrète. Il peut mettre fin à la relation quand il le veut. La
plupart des gens ne prennent même pas la peine de tenter une
aventure avec quelqu'un qui essaie de les contrôler, et les aventures
où l'un des partenaires s'efforce de contrôler l'autre atteignent
vite leur terme. Car toute aventure est presque toujours fondée
sur la recherche de plus d'amour.

Si une femme ou un homme marié soupçonne son partenaire d'avoir une liaison ou se rend compte qu'il en a effectivement une, *la théorie du contrôle suggère que la meilleure stratégie consiste à ne faire aucun effort pour contrôler le conjoint volage.* Si vous vous retrouvez dans cette situation, n'oubliez pas que vous êtes encore marié. Son infidélité peut vous conduire à choisir pas mal de souffrances, mais du moins votre partenaire ne vous a pas encore quitté. Votre tâche consiste dès lors à trouver le moyen d'être plus attirant(e) pour mettre dans votre relation conjugale ce que votre conjoint a recherché auprès de quelqu'un d'autre.

Malheureusement, appliqué à cette situation, le gros bon sens de la psychologie du stimulus-réponse conduit le conjoint trompé à devenir plus exigeant, à vouloir encore plus de contrôle et ainsi à devenir encore moins attirant. La théorie du contrôle suggère souvent d'agir de façon exactement inverse à celle que prescrit le bon sens. Elle propose de mettre à profit ses leçons pour inventer un nouveau bon sens.

Le deuxième besoin psychologique: le pouvoir

Considérons les chiens. On peut facilement constater qu'ils sont menés par l'instinct de survie: peu de chiens sautent un repas ou refusent la chance de faire une bonne petite sieste. Ils éprouvent aussi un grand besoin d'affection et, quand ils sont jeunes, de plaisir. À la différence de leurs proches parents, les loups, les chiens semblent avoir évacué de leur code génétique le besoin de liberté. Certains d'entre eux vagabondent bien un peu, mais si on leur donne un foyer aimant, ils ont tendance à s'y installer à demeure.

Avec leur maître, ils semblent presque totalement dépourvus du besoin de pouvoir. On peut facilement dresser les chiens de la plupart des races à faire ce qu'on leur dit, par exemple à se coucher. On les dresse mieux que presque n'importe quel autre animal évolué. Les chiens nous plaisent parce qu'ils se soumettent volontiers et même presque avidement à notre volonté, en particulier si nous leur donnons l'affection qu'ils recherchent tant. Mais nous, en revanche, nous sommes de loin les créatures les plus en proie au besoin de pouvoir. Il suffit de jeter un coup d'œil à la une de n'importe quel journal: presque tous les articles y parlent de lutte pour le pouvoir.

Par exemple aujourd'hui, à la une, les principaux articles traitent de pouvoir: une révolte au Mexique fait la manchette. Juste en dessous, il est question de taxer davantage les marchands d'armes pour rendre les armes moins accessibles. Les autres articles portent sur l'exploitation des enfants à New Delhi, en Inde, la fusion de deux grandes chaînes de magasins à rayons, la façon dont les groupes de pression et non l'équité mènent les gouvernements municipaux et les hésitations du gouvernement à reconnaître sa responsabilité dans les expériences de radiation menées sur des individus. Dans tous ces cas, c'est le besoin de pouvoir qui se révèle être la force dominante, et il continuera sans aucun doute à alimenter plus de nouvelles que tous les autres besoins réunis. J'admets que la survie et la liberté sont également impliquées dans ces événements, mais c'est manifestement le pouvoir qui domine. L'amour et le plaisir ne font presque jamais la une des journaux.

La plupart d'entre nous ne sont pas concernés par le genre de pouvoir qui fait la une. Même si presque tout le monde voudrait avoir plus d'argent ou de prestige, notre besoin de pouvoir se contente généralement du respect qu'on nous témoigne. Pour gagner ce respect, il suffit qu'une personne qui compte pour nous, généralement notre conjoint ou notre partenaire, nous écoute. Si nous n'avons pas ce simple respect, presque tous nous nous battrons pour l'obtenir, et si la lutte persiste, nous cesserons d'aimer notre partenaire. Notre frustration peut atteindre un tel niveau que nous mettrons fin à notre vie de couple. Ou alors, nous demeurerons dans cette situation frustrante sans en retirer grand-chose si ce n'est la satisfaction de nous opposer active-ment ou passivement à notre conjoint.

Notre besoin de pouvoir fait qu'il nous est difficile d'accepter de jouer un rôle inférieur dans n'importe quel type de relation et en particulier dans une vie de couple. Je traiterai de cela plus en détail au chapitre 8. Pour le moment, je me contenterai de dire qu'à mon sens *le plus grand obstacle à une vie de couple heu-reuse est l'incapacité d'un des conjoints ou des deux à satisfaire son besoin de pouvoir à l'intérieur de la relation conjugale.* C'est rarement l'absence d'amour qui détruit une relation: c'est plutôt que l'amour ne peut prendre racine à l'intérieur d'une relation dans laquelle l'un des partenaires ou les deux croient n'avoir pas assez ou pas du tout de pouvoir.

Pour qu'une relation réussisse, les partenaires doivent aussi être des amis. Dans une relation amoureuse, l'amitié est généra-lement précédée par l'amour et la sexualité. Mais si l'amitié n'est pas rapidement et fermement établie, l'amour bientôt se fane. L'amitié se fonde essentiellement sur un pouvoir égal et cette égalité dépend de l'écoute que l'on se manifeste mutuellement, de l'attention véritable que l'on accorde à l'autre. Il n'y a pas d'autre moyen.

Mes collègues et moi voyons chaque jour ce besoin de pouvoir lors de nos consultations. Presque tous nos patients répètent sans cesse à quel point cela leur donne un sentiment de pouvoir d'avoir la possibilité de parler à quelqu'un qui les écoute vraiment et qui les prend au sérieux.

Comme pour l'instinct de survie et l'amour, les gènes du pou-voir agissent de façon diverse sur chacun d'entre nous. Certains sont bien plus poussés par la soif du pouvoir que d'autres et quel-qu'un dont le besoin de pouvoir est considérable peut trouver la vie de couple difficile à supporter, en particulier si son partenaire est quelqu'un dont le besoin sur ce point est également fort. Les hommes de pouvoir ont tendance à être sexuellement attirants pour les femmes, en particulier celles qui ont elles-mêmes une grande soif de pouvoir. Henry Kissinger disait: «Le pouvoir est l'aphrodisiaque absolu», et il était bien placé pour le savoir.

Mais il faut à une bonne vie de couple plus qu'un aphrodisiaque; il faut de l'amitié. Et il est rare qu'un homme puissant soit l'ami d'une épouse elle-même puissante; ils entrent trop en compétition. C'est pourquoi, lorsqu'une femme forte épouse un homme puissant, le mariage peut bien tenir, mais l'amour et la sexualité en souffrent. Je pense au mariage d'Eleanor et Franklin Roosevelt. Ils n'ont certes pas divorcé, mais ils ont indubitablement cherché l'amour auprès de personnes moins fortes.

Quand l'un des partenaires éprouve un grand besoin de pouvoir, sa vie de couple a plus de chance de réussir si son conjoint en a, quant à lui, nettement moins besoin. Dans ce type de vie de couple, il y a moins de conflit et certains partenaires moins poussés par le besoin de pouvoir parviennent même à se réjouir du succès de leur conjoint. Il est de nombreux exemples de gens puissants, plus âgés et généralement riches, qui ont épousé avec succès des personnes plus jeunes. Je soupçonne que, dans un tel cas, le plus jeune a moins besoin de pouvoir et prend plaisir au pouvoir de son conjoint. Dans une telle configuration de leurs besoins respectifs, ils n'entrent pas en conflit et ils peuvent devenir de bons amis. Et il y a ainsi de fortes chances qu'ils puissent vivre une relation sexuelle satisfaisante.

Ceci contraste avec l'instinct de survie, car deux personnes dont l'instinct de survie se révèle également puissant forment, elles, au contraire, une bonne combinaison. Même si les deux ont un instinct de survie également faible, cela peut marcher. Mais en revanche, si l'une d'elles est dépensière et l'autre économe, cela n'augure rien de bien bon pour le couple. C'est la même chose, ou pire encore, pour l'amour. Les couples chez qui le besoin d'amour est équivalent ont une bonne chance de vivre une vie de couple heureuse. Mais quand une personne poussée par un grand besoin d'amour s'unit à une personne qui en a moins besoin, la frustration s'installe rapidement entre elles.

La meilleure vie de couple est peut-être celle qui unit des gens qui éprouvent tous deux un besoin de pouvoir faible ou modéré et au moins un besoin d'amour modéré. Ils s'écoutent l'un l'autre sans tenter de prendre le contrôle, et les chances de conflit s'avèrent nettement moins grandes que s'ils avaient tous deux un grand besoin de pouvoir. Le problème, c'est que ces gens dont la soif de pouvoir est faible ne servent pas souvent d'exemple de vie de couple réussie. Ils ne sont pas de l'étoffe dont on fait les livres ou les films. Scarlett et Rhett étaient certes des tempéraments forts, mais Ashley aurait sans doute fait un meilleur mari pour Scarlett.

Il est également plus difficile de reconnaître ses propres besoins de pouvoir ou ceux de l'autre que de savoir évaluer les exigences de l'instinct de survie ou du besoin d'amour. Parce que dans notre lutte pour le pouvoir, nous allons souvent nous comporter avec amour pour convaincre, à force de séduction, notre partenaire de nous donner ce que nous voulons.

Je tenterai cependant, lorsqu'il sera question, au chapitre 5, de la façon dont se forme notre personnalité, d'expliquer comment on peut évaluer l'intensité de nos propres besoins aussi bien que de ceux des autres. Bien entendu, il vaut mieux effectuer soigneusement cette évaluation avant la vie de couple. Mais même après, elle fournit des informations vitales pour le succès de n'importe quelle relation.

Le troisième besoin psychologique: la liberté

Tous les êtres vivants, même si la plupart n'en ont pas conscience, luttent pour être libres de vivre comme ils l'entendent. Nous, les êtres humains, sommes bien entendu parfaitement conscients de ce combat, et l'histoire est pleine de communautés qui sont parvenues à conquérir leur liberté. Puisque nous luttons tous pour le contrôle, ce combat pour la liberté prend souvent la forme d'une tentative de se libérer du contrôle exercé par d'autres. Pour rendre leurs gestes plus acceptables, beaucoup de gens poussés par la soif du pouvoir font du mal aux autres en prétendant lutter pour la liberté. C'est pourquoi le perpétuel combat entre la liberté et le pouvoir domine toutes les relations humaines. Nos gènes sont responsables d'une bonne part de ce conflit.

De par sa nature même, toute relation intime entrave notre besoin de liberté: si je te donne de l'amour, tu dois te montrer attentif à ce que je veux. L'expression amour libre, moins courante désormais en ces temps de sida, désigne souvent le bonheur de partenaires amoureux qui ne tentent nullement de restreindre la liberté de l'autre, tout à fait le contraire de ce qui se passe dans la plupart des couples. C'est pourquoi il semble tout à fait évident que les gens dont le besoin de liberté est faible ont une bien meilleure chance de vivre heureux en couple que ceux qui ont un grand besoin d'indépendance.

La majeure partie de la rage qui fait irruption dans le couple et qui peut conduire à la violence conjugale provient d'un partenaire, presque toujours l'homme, qui se sent impuissant en dehors de son ménage. Le seul pouvoir possible pour lui, c'est de dominer sa femme et ses enfants. En pareil cas, il n'y a pratiquement rien que ceux-ci puissent faire; même la soumission totale ne lui donnera pas le pouvoir dont il a besoin. Et si la police intervient, il se sentira encore plus impuissant et éprouvera plus de ressentiment encore. On ne s'en tirera pas à moins d'une prise en charge totale de l'individu.

Mais parfois la colère surgit quand l'un des partenaires, ici encore généralement l'homme, a moins besoin d'amour et beaucoup plus besoin de liberté que sa conjointe. Pour obtenir l'amour et le sexe amoureux qu'il recherche, il doit abandonner une partie de sa liberté, et cela s'avère très difficile pour lui. Sa femme va peut-être en effet le harceler pour qu'il l'aide davantage à s'occuper des enfants et pour qu'il lui tienne davantage compagnie. Elle se montrera peut-être moins intéressée par les relations sexuelles, ce qui le frustrera aussi. Elle peut être tout à fait inconsciente de son grand besoin de liberté à lui ou se montrer peu disposée à l'accepter. Et même si le harcèlement constant auquel elle se livre empire les choses, elle peut fort bien ne pas se montrer prête à y mettre fin. Quand l'homme se sent de plus en plus piégé et noie sa frustration dans l'alcool, le résultat est souvent la violence. La liberté et l'amour n'entrent pas nécessairement en conflit, mais si l'amour s'avère insuffisant, le conflit survient souvent.

Il n'est pas rare pour des divorcés de se remettre ensemble quand les deux peuvent s'apprécier sexuellement sans avoir à subir les contraintes du mariage. Ceux qui se laissent tromper par ce renouveau du désir sexuel et se remarient, découvrent généralement qu'ils ont fait une grave erreur. Ils perdent rapidement ce qui avait rendu possible ce regain d'attirance. Leur deuxième mariage devient bientôt semblable au premier.

Il est difficile de déterminer quel degré d'intensité lié au besoin de liberté de chacun des partenaires donne une union heureuse: peut-être un besoin de liberté de faible intensité chez les deux partenaires? Si les deux partenaires éprouvent un grand besoin de liberté, le couple peut fonctionner s'ils sont capables de reconnaître et d'accepter que c'est ce dont ils ont tous deux besoin. Je ne parle pas de la liberté sexuelle – peu de gens sont prêts à l'accepter – mais plutôt de la liberté personnelle.

Supposons qu'un homme qui consacre tous ses week-ends à faire du ski épouse une femme qui n'éprouve aucun intérêt pour les sports de plein air, mais qui se livre plutôt à la photographie amateur. Si les deux ont un grand besoin de liberté, ils peuvent facilement accepter que chacun ait besoin de temps pour cultiver son activité personnelle. Si non seulement l'un permet à l'autre de faire ce qu'il veut, mais même l'encourage, le temps qu'ils passeront ensemble peut se montrer très satisfaisant et leur vie de couple sera une réussite.

Mais habituellement, ce sont des gens dont les besoins de liberté sont différents qui s'unissent. S'ils ne comprennent pas cela, et la plupart ne le comprennent pas, leur relation de couple en souffrira, car la personne dont le besoin de liberté est faible ne comprend pas pourquoi l'autre n'est pas content de rester à la maison. Ces couples peuvent peut-être se maintenir, mais la personne dont le besoin de liberté est grand en arrive parfois à noyer son chagrin dans l'alcool ou à regarder la télévision, un compromis qui n'apporte le bonheur à aucun des deux.

Comme je le montrerai au chapitre 5, les besoins fondamentaux n'exercent pas nécessairement, chacun séparément, une aussi forte influence que je l'ai dit ici. Par exemple, un grand besoin d'amour, s'il est satisfait, peut fort bien tenir en laisse un grand besoin de pouvoir ou de liberté. Mais j'insiste sur ce point: dans leur ensemble, nos besoins exercent une forte influence, et quand ils sont frustrés, ils nous poussent à un comportement nuisible.

Le quatrième besoin psychologique: le plaisir

Nous naissons avec des besoins impérieux, mais pas avec les comportements pour les satisfaire. À la différence des espèces inférieures, le saumon par exemple, qui peuvent prendre soin d'elles-mêmes dès la naissance, nous naissons avec fort peu de comportements élémentaires à part les larmes, la toux et l'éternuement. Nous sommes aussi les êtres qui jouent le plus.

Jeunes, les animaux comme les chiens et les chats semblent aussi consacrer beaucoup d'énergie à jouer et, apparemment, à s'amuser. Mais à mesure qu'ils vieillissent dans des foyers confortables, ils s'en tiennent principalement aux activités de survie: manger et dormir; opérés, ils peuvent perdre aussi leur instinct sexuel. Les animaux sauvages jouent aussi quand ils sont jeunes, mais quand ils atteignent leur maturité, à l'exception peut-être des primates, des baleines et des dauphins, ils s'en tiennent essentiellement aux activités de survie qui, comme le sexe chez eux, n'ont pas l'air très agréable. Bien sûr, en disant cela, j'essaie de me mettre dans la tête d'un animal, ce qui évidemment fausse tout.

Tandis que je réfléchissais aux raisons qui nous poussent à tant nous efforcer de prendre du bon temps, je regardais à la télévision un documentaire sur les tortues de mer. En les observant vivre les diverses étapes de leur vie, je pensais qu'elles menaient une existence vraiment sérieuse, dénuée de jeu et de plaisir. Et j'ai pris conscience d'une chose: cette vie sérieuse vient de ce que les tortues savent en naissant presque tout ce qu'il leur faudra savoir.

C'est différent pour des animaux comme les chiens et les chats qui ont beaucoup à apprendre, et dont la plupart des jeux simulent une activité ultérieure de leur vie. Une fois adultes, leurs gènes ou eux décident qu'ils savent désormais tout ce qu'ils doivent savoir et, sauf pour faire plaisir à un humain qu'ils aiment, la plupart d'entre eux ne jouent plus jamais.

J'en ai déduit que le jeu et le plaisir procurent une récompense génétique à l'apprentissage de quelque chose de nouveau qui peut s'avérer utile dans l'immédiat ou dans l'avenir. Par exemple, Hank Benjamin, un professeur qui enseigne aux enfants en mettant régulièrement en application mes idées, propose à ses élèves de leur montrer à jouer aux échecs: presque tous acceptent. Bien que les échecs, comme tous les jeux, comblent le besoin de pouvoir si l'on gagne assez souvent, la plupart de ses élèves ne poursuivront pas sérieusement dans cette voie. Mais cet effort leur enseigne à apprécier l'apprentissage. Ils découvrent aussi qu'il faut faire des efforts pour bien apprendre. Le même professeur met aussi beaucoup l'accent sur l'écriture: il pense que l'apprentissage que font ses élèves en jouant aux échecs les aide dans l'acquisition de l'écriture, habileté essentielle dans la vie. C'est sans doute vrai, car je n'ai jamais rien lu de mieux écrit de la part d'enfants de cet âge que les textes de ces élèves.

Il est évident que nous ne possédons pas le gène des échecs, de l'algèbre ou de la littérature, mais nous avons une batterie de gènes d'apprentissage qui, lorsque nous apprenons quelque chose qui satisfait nos besoins, nous amène à nous sentir bien. Et quand nous nous sentons bien, nous croyons que c'est parce que nous

nous amusons. Parfois c'est un jeu, parfois non, mais il est difficile de jouer sans apprendre, et des sportifs très ordinaires dépensent des sommes considérables pour prendre des leçons de golf ou de tennis. Leur principale motivation, c'est d'avoir du plaisir. S'ils cherchent dans ce sport le pouvoir, la plupart seront déçus. L'évolution a favorisé ceux qui ont assimilé le plus, de sorte qu'en évoluant nous avons reçu une série de gènes liés au goût du plaisir et de l'apprentissage.

Les gens me demandent comment savoir qu'on s'amuse. Je réponds: «Quand on se surprend à rire beaucoup.» Mon travail dans les écoles m'amène à parler à des centaines d'élèves et je leur demande toujours: «Qu'est-ce qu'ils font, les bons professeurs?» Invariablement, la réponse est: «Ils rendent l'école amusante» ou «Ils transforment l'apprentissage en plaisir». Les élèves font aussi référence à d'autres besoins quand ils répondent: «Ils nous parlent et ils nous écoutent» (le pouvoir), «Ils se soucient de nous» (l'amour), «Ils nous donnent la chance de faire ce que nous voulons» (la liberté). Les élèves ne parlent pas de survie: dans un tel contexte les autres besoins prédominent, et le plaisir semble le plus important de tous.

Partager un grand besoin de plaisir facilite toutes les relations humaines, c'est clair. Et cela est certainement nécessaire à une vie de couple réussie. Cela peut ajouter beaucoup de force à l'amour qui cimente la relation de deux personnes. Quelqu'un qui aime s'amuser et qui épouse un rabat-joie regrettera cette erreur toute sa vie. En revanche, le rabat-joie peut ne pas aimer s'amuser, mais il n'en souffrira pas; il pourra même avoir du plaisir avec son partenaire jusqu'à un certain point, mais pas au point d'abandonner son humeur maussade.

Comme je l'ai mentionné, le plaisir a un côté sérieux: c'est la récompense de l'apprentissage. Pour établir une bonne relation, il faut que les partenaires aient un intérêt commun et qu'ils apprennent ensemble. Par exemple, les couples dont les deux conjoints aiment voyager peuvent passer l'année ou même plus à planifier, à se renseigner et à attendre impatiemment ce grand voyage au cours duquel ils pourront visiter et approfondir ce qu'ils ont appris. Je connais beaucoup de gens, et en particulier des femmes, qui voyagent seules parce que leur conjoint déteste les voyages ou ne veut pas se rendre là où leur compagne veut aller. Ces conjoints, dont l'intensité du besoin de plaisir n'est sans doute pas très forte, n'éprouvent pas beaucoup d'intérêt à apprendre de nouvelles choses sur le monde.

Je dis cela parce que les gens qui aiment s'amuser s'intéressent à tout; ceux qui aiment moins s'amuser ont des intérêts beaucoup plus limités. Plus un couple a d'intérêts communs, plus grandes sont les chances que leur vie ensemble ne s'affadisse pas et que chacun ne se mette pas à vivre une vie intellectuelle séparée. La clé de l'amitié consiste à partager et à développer des intérêts communs. Et, au risque de me répéter, je dirai que l'amitié est la clé d'une vie de couple réussie. Si donc vous êtes une personne qui aime s'amuser, assurez-vous de choisir comme partenaire une personne qui a le même besoin que vous.

Le plaisir est durable. Le sexe et l'amour peuvent se faner au cours d'une longue vie de couple, mais le plaisir garde sa fraîcheur: à la différence du sexe, il peut toujours prendre une nouvelle direction. Nous connaissons tous des gens qui se sont découvert sur le tard un intérêt qui a changé leur vie. S'ils ont la chance de pouvoir partager leurs intérêts et leur enthousiasme avec leur partenaire, même si celui-ci se contente d'écouter avec intérêt, ils auront découvert là l'un des secrets essentiels d'une vie de couple durable et heureuse. N'oubliez pas d'avoir du plaisir et de vous amuser. C'est l'un des besoins essentiels les plus faciles à satisfaire puisque c'est le seul qu'on puisse satisfaire sans personne d'autre et sans que la plupart des conjoints s'en plaignent beaucoup.

Les loisirs: notre quête spécifique de plaisir

Les conjoints qui partagent un passe-temps ou une forme de distraction ont une bonne chance de maintenir entre eux une relation heureuse. Mais ceci n'est pas aussi facile que ça en a l'air; les goûts en cette matière varient en effet énormément. Par exemple, l'alpinisme comble pleinement quatre de nos besoins: l'instinct de survie, le sentiment d'appartenance, le pouvoir, et le plaisir. Beaucoup de gens éprouvent du plaisir à risquer ainsi leur vie (survie), encordés (sentiment d'appartenance) au flanc d'une montagne. Ils se sentent puissants quand ils conquièrent un sommet; l'apprentissage et la préparation nécessaires leur procurent en outre une distraction. Comme il s'agit là d'un effort fait nécessairement en commun, cette activité ne donne aucune liberté individuelle. Mais c'est l'ensemble du groupe qui éprouve un agréable sentiment de liberté. En revanche, pour le conjoint resté à la maison, le principal plaisir peut être de récupérer son partenaire vivant, ce qui ne favorise guère la réussite d'un couple.

Généralement, les femmes sont moins attirées par la recherche du pouvoir que les hommes; elles n'aiment pas autant les loisirs, actifs ou passifs, qui vont dans ce sens. Les sports violents, en particulier le football, la boxe et le hockey, sont plus agréables pour le spectateur masculin. Le basket-ball et le tennis plaisent davantage aux femmes. Il existe, bien sûr, de nombreuses exceptions à cette règle, mais les femmes conscientes de leur moins grand besoin de pouvoir que les hommes dont elles sont amoureuses devraient essayer, tôt dans leur relation, de trouver un type de loisir agréable aux deux. Si elles ne le font pas, il y a peu de chance que cela vienne tout seul plus tard. La solitude due à l'incapacité de trouver des choses agréables à faire avec son conjoint est une des choses dont se plaignent souvent bien des femmes mariées à des hommes dont le besoin de pouvoir est nettement plus développé.

Les hommes au besoin de pouvoir plus modéré sont plus portés vers des distractions intellectuelles comme les voyages, le théâtre, l'art et la musique. Harceler son partenaire pour l'amener à faire ce qu'il ne veut pas faire est peut-être la pire chose à faire. Il y a moins de chance que cela se produise si chacun a sensiblement le même besoin de pouvoir. Aussi, même si j'ai affirmé que les hommes au fort besoin de pouvoir sont mieux assortis avec des femmes aux besoins plus faibles sur ce plan, du moins quand il est question de savoir qui mène dans le couple, ceci n'est plus vrai quand l'homme ne reconnaît pas que sa femme a pour sa part un plus grand besoin de plaisir. Généralement, les femmes ne se séparent pas d'un homme poussé par la soif du pouvoir et qui réussit, mais la plupart du temps leur vie de couple n'est pas heureuse. À moins que le couple ne trouve des choses agréables à faire ensemble.

Chapitre 4

Sexualité: amour physique et besoins psychologiques

La plupart des gens pensent beaucoup au sexe, en particulier ceux qui ne devraient pas. La sexualité obscène fait toujours la une des journaux, et plus des célébrités y sont impliquées, plus l'histoire est juteuse. La quête du sexe est le pain quotidien (la violence représentant le beurre) d'Hollywood, et quand on montre du sexe à l'écran, il tombe sous le coup de cette loi non écrite: le limiter aux célibataires. Mais ceci relève plus de l'industrie du spectacle que de l'immoralité. Car il n'est tout simplement pas possible de montrer une relation sexuellement satisfaisante à long terme de façon à intéresser les gens.

La raison évidente de ce grand intérêt pour le sexe, c'est qu'un très grand nombre de gens, mariés ou non, sont frustrés de ne pas avoir réussi à maintenir une relation sexuelle excitante. Ils recherchent une sexualité excitante ou fantasment à ce sujet sous l'effet de la croyance erronée que s'ils parviennent à trouver d'une façon ou d'une autre ce type de relation sexuelle, cette fois elle va durer. Mais non, elle ne durera pas. En lui-même le sexe, y compris le sexe excitant, n'est pas éternel.

Dans leur recherche de l'excitation, bien des gens se tournent vers les livres de sexologie. Mais la plupart des conseils qu'on y trouve mettent l'accent sur la mauvaise chose: ils préconisent de changer de façon de faire. Ils ne parlent pas de ce qui est vraiment nécessaire pour que la sexualité reste excitante de façon

durable: éprouver l'amour réciproque. Cela exige des connaissances bien plus grandes sur les gens que sur la sexualité. Et si
vous voulez en savoir plus sur les gens et les relations humaines,
la théorie du contrôle peut vous fournir un certain nombre de
réponses.

Si l'on parvient à trouver quelqu'un à aimer et qui nous aime
également, si l'on peut concilier cet amour avec la sexualité, il y
a de fortes chances qu'on parvienne à atteindre ce que bien des
gens considèrent comme l'expérience intime ultime: l'amour
physique. Le trouver s'avère bien plus difficile que simplement
trouver du sexe parce que l'amour physique ne se trouve que
dans des relations *où les amants sont aussi d'excellents amis*. Et
notre haut taux de divorce révèle que bien des gens ne parviennent pas à devenir amis ou rester amis avec un partenaire sexuel
à long terme.

L'amitié se fonde sur une communauté d'intérêts, sur la possibilité de pouvoir dire ce qu'on a en tête sans craindre d'être rejeté
ou critiqué, sur une vie en commun planifiée et construite, et surtout sur la hâte d'être ensemble quand aucune autre urgence ne
vous presse. Et un bon ami encourage son partenaire à cultiver
ses intérêts même s'il ne les partage pas. Quelqu'un à qui parler
en tout temps de n'importe quoi, voilà l'absolu d'une amitié conjugale. Trop de couples sont étrangers l'un à l'autre.

Mon expérience de psychiatre habitué à voir beaucoup de gens
frustrés sexuellement m'a montré que ces derniers ne sont pas
l'ami de la personne avec laquelle ils essaient de faire l'amour.
Certains même n'ont jamais été leur ami tout court. Ils n'aiment
pas leur partenaire parce qu'ils n'éprouvent pas d'amitié pour
lui. Ils reconnaissent qu'il leur est plus facile de faire l'amour
avec un étranger ou une nouvelle connaissance parce qu'avec un
nouveau partenaire, s'ils cherchent l'amour, il y a toujours de
l'espoir de le trouver. De plus, qui dit nouveau partenaire dit aussi
absence d'un passé dans lequel les relations sexuelles sans amitié peuvent avoir créé de l'antipathie.

L'expérience que j'ai des hommes impuissants et des femmes frigides corrobore ce fait. Le problème n'est habituellement pas généralisé, mais spécifique au partenaire. Ces gens n'aiment pas assez leur partenaire ou se montrent nerveux et angoissés parce qu'ils ne croient pas que celui-ci les aime suffisamment; ils craignent que s'ils ne se montrent pas performants ou ne parviennent pas à atteindre l'orgasme, ce dernier va cesser de les aimer. Quand ils changent de partenaire ou se tournent vers la masturbation, le problème disparaît. L'organisme est intact; c'est la confiance ou l'attention envers son partenaire qui sont absents.

Parfois l'impuissance ou la frigidité se produisent dans un couple où semble régner un véritable souci de l'autre: c'est peut-être que l'un des deux ou les deux ne parviennent pas à se détendre et attendent trop d'eux-mêmes. On admet généralement qu'une bonne performance sexuelle exige des partenaires qu'ils soient détendus; trop vouloir réussir fait échouer. Plus ils se disent «je me soucie de cette personne, alors ça devrait marcher», plus ils essaient et plus ils deviennent frustrés. La sexualité à long terme marche quand les partenaires se soucient suffisamment l'un de l'autre pour ne jamais exiger de performance. Ils se montrent toujours capables de transmettre à l'autre ce message: je n'exigerai pas de l'autre ce qu'il trouve difficile à faire. Peut-être y aura-t-il encore des échecs, mais au bout du compte, quand des hommes impuissants ou des femmes frigides se sentent aimés et acceptés quoi qu'il arrive, ils ou elles attendent moins d'eux-mêmes et les choses s'améliorent.

Donc, c'est le fait de se sentir mal aimé ou la peur de l'être qui rend une sexualité difficilement satisfaisante à long terme. Si le couple qui éprouve de la difficulté à faire l'amour peut acquérir ou retrouver de l'amitié et de l'amour, le plaisir sexuel reviendra; cela arrive souvent quand des personnes qui se soucient l'une de l'autre se reprennent en main après une discussion ou une dispute. Mais tenter de résoudre les difficultés sexuelles sans se soucier du manque d'amitié aboutit rarement au succès.

Nous pensons souvent au sexe parce qu'il met en jeu tous nos besoins. Par exemple, beaucoup d'entre nous se livrent à une sexualité que je qualifierais d'hormonale surtout dans leur jeunesse, sous l'effet de l'instinct de survie. Et il n'y a rien de mal là-dedans. Cela peut être très satisfaisant sur le plan physique. Mais parce que c'est tellement physique, justement, cela ne dure guère. Si l'un des partenaires ou les deux veulent aussi de l'amour, la sexualité finit par s'avérer insatisfaisante et la relation prend fin.

Le sexe lié au pouvoir est très répandu. Les stars de cinéma, les vedettes de rock ou de sport sont très courues sur le plan sexuel, et beaucoup d'entre elles ont tendance à s'engager dans une multitude de relations à court terme. La plupart des *groupies* qui les poursuivent dans l'espoir de partager un peu de leur pouvoir peuvent bien rêver que l'amour s'ensuivra, mais c'est rarement le cas. L'amour exige l'amitié et le respect, et ceux qui usent de leur pouvoir pour avoir du sexe respectent rarement leurs partenaires.

Pourtant, les gens de pouvoir sont très attirants sexuellement, et s'ils se soucient de leur partenaire, la combinaison du pouvoir et de l'amour peut s'avérer très satisfaisante à long terme. Les gens puissants n'éprouvent aucune difficulté à avoir des partenaires sexuels, mais trouvent souvent difficile de se contenter d'une seule personne quand tant d'autres font des pieds et des mains pour attirer leur attention. C'est un risque que courent leurs partenaires, mais beaucoup le reconnaissent et sont prêts à courir ce risque.

Poussés par un grand besoin de liberté, beaucoup de ceux qui se livrent à une intense activité sexuelle refusent de se restreindre dans le mariage. S'ils s'engagent pourtant dans une relation suivie, ils donnent rarement à leur partenaire moins avide de liberté l'engagement que celui-ci désire. Je parle ici des couples qui vivent ensemble, mais finissent par se séparer avant de se marier. Les couples dont l'un des partenaires ou les deux ont un grand besoin d'amour et de liberté posent un certain défi, mais ils survivent souvent si les deux partenaires parviennent à trouver une façon non sexuelle de satisfaire sur ce plan celui qui tient à sa liberté ou les deux si tel est le cas.

L'amour et le plaisir semblent faire bon ménage; c'est que plaisir et amitié sont intimement liés. Les gens qui ont grand besoin d'amour et de plaisir trouvent dans le sexe le moyen idéal de satisfaire ces besoins. Le plaisir donne de la créativité et de l'audace à l'activité sexuelle, et les couples amoureux qui parviennent à mettre beaucoup de plaisir dans leurs relations sexuelles sont sans doute les plus susceptibles de jouir d'une relation sexuelle satisfaisante à long terme. Même sans trop d'amour, le sexe peut aussi s'avérer satisfaisant pour un temps, car se montrer créatif et intime avec quelqu'un fait presque toujours plaisir.

Mais quand le plaisir sans amour mène ces relations, la sexualité elle-même est généralement de courte durée; l'un des partenaires ou les deux n'en veulent plus. Si les deux partenaires éprouvent un grand besoin d'amour, l'amour peut naître très vite dans ce qui n'était au départ qu'une relation de plaisir. Quand le point de départ a été le plaisir, il y a bien plus de chances que l'amour se développe que quand c'est l'instinct de survie, le besoin de pouvoir ou la soif de liberté qui dominent.

Fort peu d'activités extrêmement agréables sont capables de satisfaire l'ensemble de nos besoins autant que le sexe. Peut-être même aucune. Le jeu s'en approche: les joueurs en effet sont poussés par la soif de pouvoir et, dans une certaine mesure, par le goût de la liberté et du plaisir. Mais le jeu est aussi l'antithèse de l'amour et de l'instinct de survie. Les joueurs passionnés éprouvent généralement peu d'intérêt pour le sexe et pas du tout pour le sexe à long terme.

Les alcooliques et les consommateurs de drogues sont généralement normaux quant à leurs besoins, mais ils ont du mal à les satisfaire. Ils trouvent dans l'alcool ou dans les drogues un plaisir intense et le sentiment de satisfaire ainsi tous leurs besoins. Une fois accrochés, ils préfèrent le plaisir facile que leur procure la drogue au travail difficile qui consiste à mériter et à savoir garder une relation sexuelle faite d'amour et d'amitié. Un ancien drogué peut faire un bon partenaire pourvu qu'il comprenne que l'autre ne va pas s'accrocher s'il fait une rechute.

Les partenaires qui réussiront à vivre des relations sexuelles satisfaisantes et ce, à long terme, seront ceux pour qui l'amour, l'amitié et le plaisir existent autant dans leur vie que dans leur lit. Si tel n'est pas le cas, l'un des partenaires ou même les deux vont avoir de la difficulté à apprécier les relations sexuelles, et la relation en souffrira. Si les besoins d'amour et de plaisir sont comblés, la sexualité peut ne pas souffrir, même si les autres besoins ne sont pas satisfaits. Mais si l'amour et le plaisir ne sont pas au rendez-vous, essayer d'utiliser les autres besoins – l'instinct de survie, le pouvoir et la liberté – pour maintenir le sexe, ne marchera pas.

Les hormones sexuelles résultant de l'instinct de survie de l'espèce humaine conditionnent très fortement la sexualité. Chez beaucoup d'animaux, la femelle est entièrement conditionnée par ses hormones, et il n'y a de relation sexuelle que lorsque les hormones sont sécrétées, c'est-à-dire quand elle est en chaleur. Chez les humains, au contraire, l'homme et la femme sont presque toujours réceptifs et intéressés; bien que la capacité puisse diminuer, l'instinct sexuel se fait sentir continuellement après la puberté.

Mais pour que leurs rejetons puissent survivre, les animaux supérieurs doivent dépasser le simple acte sexuel. Ils doivent prendre soin à la fois de la mère et de l'enfant. Les gènes les y poussent. Ce n'est pas à proprement parler de l'amour au sens de choix, mais c'est l'élément précurseur de ce qui pour nous finira par devenir notre besoin d'amour et d'appartenance.

Peu importe la société dans laquelle ils vivent, les êtres humains, qui éprouvent tous un besoin normal d'amour et d'appartenance, sont des êtres sociaux tout autant sinon plus que des êtres sexués. Pour satisfaire notre besoin d'amour et d'appartenance, nous avons fait du couple et de la famille la base de toutes nos sociétés. C'est dans notre famille que la plupart d'entre nous apprenons que cela fait du bien de s'occuper les uns des autres. Ainsi, devenus adultes, nous choisissons de répéter le même processus.

Les êtres humains peu ou pas socialisés ne sont ni de bons amants ni de bons parents parce qu'ils n'ont pas appris à aimer suffisamment et refusent souvent de s'occuper vraiment de leurs enfants. Ces gens-là, et en particulier les hommes, désirent fréquemment beaucoup de sexe hormonal, mais ce sont de piètres candidats à la vie de couple. Ils sont sexuellement actifs, c'est entendu, mais ils ne sont pas amicaux et, comme il est particulièrement évident qu'ils n'ont pas la moindre idée de ce qu'est l'amour, on peut les détecter facilement et ainsi les éviter.

Les hommes peuvent fort bien satisfaire leurs besoins sexuels hormonaux par le simple acte sexuel. Mais pour la survie de l'espèce, il leur faut dépasser le simple acte sexuel et apprendre à aimer et à prendre soin de leur compagne et de leurs enfants. Ainsi les hommes normaux sont-ils tout autant que les femmes poussés par un grand besoin d'amour et d'appartenance. L'intensité de ce besoin varie d'une personne à l'autre. Certaines personnes (hommes et femmes mais surtout les hommes) ont si peu besoin d'amour qu'elles ne font jamais l'effort d'apprendre à le satisfaire. Pour un couple, il s'agit là d'une situation désastreuse; j'y reviendrai en détail dans le chapitre suivant.

Comme les êtres humains sont conscients de ce qu'ils font, presque toutes les femmes qui éprouvent un besoin d'amour et d'appartenance normal et qui grandissent dans une famille aimante apprennent à préférer infiniment le sexe amoureux au sexe hormonal. Quand elles s'engagent dans une relation sexuelle, elles veulent l'amour et la sécurité qu'un homme aimant peut leur donner. Elles peuvent certes se livrer au sexe hormonal pour quelque temps, mais si ça ne se limite qu'à cela, elles s'en désintéressent.

Si une femme dont le besoin d'amour est considérable épouse un homme dont le besoin est faible, la relation ne sera pas satisfaisante sexuellement, en particulier si cet homme a un instinct de survie très fort et demande beaucoup de sexe sans amour.

Soyons juste, cette situation arrive aussi aux hommes, mais bien moins souvent. Chez les personnes dont le besoin d'amour est faible et l'instinct de survie fort, le sexe hormonal continue de représenter une pulsion considérable la vie durant. Elles sont comblées d'avoir un partenaire semblable à elles.

Dans le chapitre suivant, j'expliquerai comment déterminer son propre profil et celui de son partenaire en ce qui a trait aux besoins fondamentaux et à leur force respective. Un tel profil permet d'évaluer la compatibilité des deux partenaires à cet égard. Il est déjà évident, d'après tout ce que j'ai expliqué précédemment, que si l'un des deux partenaires exige bien plus d'amour et d'amitié que l'autre, la relation sexuelle ne sera pas satisfaisante.

Mais si les deux partenaires peuvent assouvir leur besoin d'amour et d'amitié à l'intérieur de leur couple et de leur relation sexuelle, ils vivront à long terme une sexualité épanouie. J'ai décrit brièvement l'amitié; il devient dès lors particulièrement important de décrire l'amour qui va au-delà de l'amitié, ce que j'appelle le sexe amoureux.

Le sexe amoureux survient lorsqu'un homme et une femme attirés l'un par l'autre de façon hormonale commencent une relation sexuelle et découvrent qu'ils aiment presque tout de leur partenaire *tel qu'il est*. Il n'y a entre eux pratiquement pas de «je t'aimerais ou je t'aimerais davantage si…» Le sexe amoureux ne se nourrit pas de nostalgie du passé ou d'espoir dans un avenir meilleur. C'est une activité qui se déroule dans le présent immédiat. Si pendant plusieurs mois la relation ne marche pas, l'un des partenaires, ou les deux, perd son intérêt et il devient difficile de retrouver l'état de grâce.

Le sexe amoureux est fragile. Les gens craignent par-dessus tout d'être rejetés, et le rejet du sexe amoureux représente peut-être notre plus grande peur. Il nous suffit d'une petite déception pour commencer à perdre de l'intérêt, et souvent nous craignons de dire à notre partenaire d'où vient cette déception. Nous pouvons vivre une relation pendant des années en traînant une déception, souvent mineure, parce que nous avons peur d'être rejetés ou même tournés en ridicule si nous la révélons. Nous n'osons pas non plus réclamer plus parce que nous ne cessons d'espérer que notre partenaire va finir par deviner ce que nous voulons, sans avoir besoin de le lui demander. Mais cela arrive rarement. Il vaut mieux demander et je dirai plus loin comment le faire.

En matière de sexe amoureux, cette réticence à dire ce qui nous préoccupe représente plus la règle que l'exception. Elle vient souvent de la peur de voir nos désirs perçus comme plus ou moins pervers par notre partenaire, la peur qu'il en soit horrifié et qu'il pense qu'il vit avec un être anormal. Il existe tellement de règles, religieuses et sociales, sur ce qui est normal et anormal en matière de sexe que la crainte d'être perçu comme déviant nous accompagne toujours. Les partenaires sexuellement épanouis découvrent qu'il n'y a pas d'autres règles que celles qu'ils veulent bien se donner. Ils en parlent entre eux et acceptent ou refusent ce que l'autre demande, mais de façon à ne pas l'humilier.

Mais, habituellement, ce qui vient gâcher la relation sexuelle entre deux partenaires n'est même pas de nature sexuelle. On peut offenser son partenaire en utilisant une expression grossière à l'égard d'un homme ou d'une femme vus dans la rue ou à la télé, ou en faisant une remarque désobligeante sur le corps de quelqu'un. Ce peut être aussi le fait d'oublier une formule de politesse banale comme «s'il te plaît» ou «merci» ou encore «qu'est-ce que tu aimerais faire?» La façon dont on mange, l'hygiène personnelle, l'impatience dont on fait preuve ou même l'oubli de rabattre le siège de la toilette, tout cela peut diminuer sérieusement l'intérêt du partenaire pour le sexe. Le simple fait de se montrer insensible aux besoins de l'autre peut avoir un effet négatif sur la relation sexuelle.

Tout ceci peut être résumé en une phrase: *Je ne t'accepte pas tel que tu es et je veux que tu changes.* Souhaiter que son partenaire devienne autre ou tenter activement de le changer détruit le sexe amoureux plus que toute autre chose. Peu importe que l'on ait raison ou non de vouloir le changer. On peut très bien avoir raison et détruire la relation amoureuse. Car dans les faits tout cela revient à *critiquer* l'autre. Cette critique peut rester muette – un regard, un manque d'attention, l'oubli d'une chose à faire – comme elle peut s'exprimer explicitement. Mais dans tous les cas, si votre partenaire perçoit cela comme une critique, votre relation est en danger.

Il n'existe pas de critique constructive. Toute critique est destructrice, et quand elle intervient dans une relation, elle tue rapidement le sexe amoureux. Les gens qui ont un grand besoin de pouvoir se montrent souvent critiques et parfois usent fort habilement de l'humiliation qu'ils font subir. Si vous épousez quelqu'un qui critique, attendez-vous à être vous-même critiqué.

Pour que dure le sexe amoureux, le couple doit apprendre à composer avec les insatisfactions sans avoir recours à la critique. Si la relation entre les sexes peut tenir en un seul axiome, c'est bien celui-là. La critique de la performance sexuelle d'un partenaire est bien le pire éteignoir du désir sexuel. Quand je traite des couples insatisfaits sur le plan sexuel, je commence toujours par leur dire: «Quoi qu'on puisse dire à l'intérieur de ce bureau, ne vous critiquez pas, c'est la règle.» Au début, je dois me comporter comme un arbitre de boxe et m'interposer continuellement pour interdire les coups bas, les critiques qui fusent de toute part, parce que la vie de couple s'est détériorée au point que la critique est pratiquement devenue la seule forme de communication dans le couple. J'essaie d'apprendre à mes clients à exprimer leur insatisfaction sans dénigrer l'autre.

Tout ceci est facile à comprendre, mais difficile à mettre en pratique. Pour beaucoup d'entre nous, il s'agit d'aller à l'encontre d'une vie passée à critiquer ou à se faire critiquer sans pouvoir se défendre autrement qu'en rompant. Si, comme c'est souvent le cas dans un couple, le problème vient d'un manque d'affection, je suggère au partenaire insatisfait de dire: «J'ai un problème: il n'y a pas assez d'affection dans notre relation, pas assez de mots gentils, de caresses, de baisers. Je voudrais que tu m'aides à trouver ce que moi personnellement (et non toi!) je peux faire pour mettre plus d'affection dans notre vie.» Ceci n'est pas une critique, car on ne demande pas à l'autre de changer sa façon de faire. On lui demande seulement son aide pour améliorer son comportement à soi.

Quand ceci est fait avec sincérité, sur un ton attentif et respectueux, on fait savoir au partenaire ce qui ne va pas et on lui demande d'aider la personne insatisfaite à mieux faire. On dit aussi clairement que tout problème est *à soi*; aucun de nous deux n'est parfait, mais essayons de nous aider mutuellement à arranger les choses. On exprime ainsi le fondement même de la théorie du contrôle: tout ce que l'on peut faire, c'est contrôler son propre comportement; je ne puis te contrôler et tu ne peux pas non plus me contrôler, et je ne veux plus continuer à perdre mon temps à essayer de le faire. Enfin, cela permet aux partenaires de sortir tout ce qu'ils ont sur le cœur, parce que c'est une façon d'aborder les problèmes qui ne rejette en rien l'autre.

Il arrive fréquemment que l'autre partenaire réponde alors: «Je pense que je me suis montré moins affectueux parce que tu n'as pas fait ceci ou cela, et je t'en ai voulu parce que je ne savais pas comment te dire ce qui n'allait pas sans te blesser.» Avec un judicieux travail de médiation et quelques encouragements de la part du conseiller, on peut faire beaucoup pour améliorer la relation et faire comprendre aux deux partenaires que presque tous les désagréments ou les déceptions peuvent augmenter le sexe amoureux si on les aborde dans un esprit non critique. Cela est souvent efficace, et s'il reste le moindre amour et amitié, le couple peut être sauvé.

Se retirer de la relation sexuelle est la façon la plus rapide d'exprimer sa colère; c'est aussi celle qui fait le plus mal à l'autre. Si le différend n'est pas rapidement réglé, l'insatisfaction deviendra chronique. Les deux partenaires se mettront à éviter les relations sexuelles, et le sexe amoureux disparaîtra du couple ou de la relation. Ce qui reste, s'ils continuent à avoir des relations sexuelles, s'apparente plutôt à la masturbation, et c'est rarement ce que l'on désire.

En plus d'aider les gens à affronter plus efficacement les désaccords dans leur couple, ce livre veut apprendre à ceux qui songent à s'engager dans une relation amoureuse à éviter les partenaires dont la personnalité est génétiquement incompatible. Si votre couple est mal assorti sur le plan génétique, trouver les points sur lesquels vous êtes incompatibles peut vous donner une bien meilleure chance de régler ce problème. Pour ce faire, je vais maintenant examiner l'intensité des besoins fondamentaux de l'être humain et la façon dont elle se reflète dans notre personnalité.

Chapitre 5

La personnalité et la compatibilité

Pensez aux gens que vous connaissez. Ne les identifiez-vous pas par un trait dominant qui définit pour vous leur personnalité? Suzanne est une personne aimante. Jean est un haltérophile macho. Jeannette, une acheteuse impulsive. Henri est économe et prudent. Carole est une personne qui prend des risques. François est un homme à femmes. Pauline est une enseignante-née. On pourrait continuer la liste indéfiniment. Je prétends, quant à moi, que ces caractéristiques par lesquelles nous définissons les gens sont très nettement liées à l'intensité de tel ou tel besoin chez chacun.

Dans les exemples ci-dessus, Jean, qui travaille beaucoup sur son corps en solitaire, a besoin de beaucoup de pouvoir et de liberté. Et comme on ne rit guère en faisant tout seul des exercices de musculation et de mise en forme, le plaisir et les relations humaines s'avèrent moins nécessaires pour lui. Pauline est presque le contraire. L'enseignement l'attire parce qu'elle a de grands besoins de plaisir et d'amour. En classe, l'autorité c'est elle, alors son besoin de pouvoir est plutôt modéré. En outre, prise comme elle l'est par sa classe, il est bon qu'elle n'éprouve pas un besoin de liberté plus fort que la moyenne.

On ne saurait prédire comment les gens vont choisir de satisfaire leurs besoins. Mais on peut prévoir que ce qu'ils choisiront va cadrer avec leur profil en ce qui concerne l'intensité de leurs besoins. Jean aurait pu choisir d'être un puissant avocat qui a peu d'amis, qui recherche la célébrité, mais qui travaille tout le temps. La dynamique et chaleureuse Pauline aurait pu choisir d'être infirmière ou travailleuse sociale. Ce chapitre se propose de montrer que nous avons tous un profil d'intensité de besoins qui nous pousse à nous donner une personnalité et, à partir d'elle, de trouver une façon de vivre adaptée à ce profil. Par exemple, si j'éprouve un grand besoin d'amour, je chercherai l'amour sous l'une de ses multiples formes; je ne mènerai jamais une vie de solitaire.

Plus on est conscient de son profil d'intensité des besoins, plus on parvient à déterminer avec qui on a la chance d'être compatible. Jean, avec son grand besoin de pouvoir et de liberté, pourrait épouser Pauline qui, elle, a un grand besoin d'amour et de plaisir, parce que tous les deux ont un besoin de survie très fort et pourraient être très attirés sexuellement l'un par l'autre. Mais une fois mariés, ils auront peu de choses à se dire, et il se pourrait bien qu'ils ne parviennent même pas à devenir de bons amis. Après un certain temps, en raison de la familiarité et du peu d'amour dans leur relation, l'attraction sexuelle va diminuer, et quand cela se produira, le couple sera en péril. Mais s'ils avaient su avant de s'unir que leurs profils étaient à ce point différents, ils auraient pu hésiter ou au moins être conscients de ce sur quoi ils devaient travailler s'ils décidaient d'aller de l'avant malgré tout.

Dans une relation, ce dont l'un des partenaires ou les deux se plaignent le plus fréquemment, c'est de ne pas pouvoir vivre avec l'autre tel qu'il est. Il faut qu'il change si l'on veut que le couple se maintienne. Nous ne sommes pas conscients de la façon dont l'intensité de nos besoins nous a fait être ce que nous sommes. Ainsi avons-nous tendance à nous croire bien plus flexibles que nous ne le sommes en réalité. Nous ne sommes pas conscients qu'une fois installés dans une vie raisonnablement satisfaisante qui correspond à l'intensité de nos besoins, il nous est pratiquement impossible d'y apporter un changement important. Par important, j'entends quelque chose de nouveau qui ne satisfait pas notre profil d'intensité de besoins, par exemple, passer d'un amour modéré à un amour passionné. C'est pourquoi ce chapitre se propose de vous apprendre à déterminer le profil d'intensité de vos besoins personnels ainsi que celui de votre partenaire si celui-ci ne veut pas le faire avec vous. Il s'agit là d'une information vitale pour bien s'entendre avec ceux dont nous partageons la vie.

Si vous vivez les débuts d'une relation, c'est le moment idéal pour effectuer cette évaluation, voir rapidement si vous êtes bien assortis et prendre conscience de ce qui peut éventuellement causer des problèmes. Vous pouvez ainsi tenter de vous accommoder de quelques-unes des divergences rencontrées avant de vivre ensemble et aussi apprendre à faire face à toute divergence qui pourrait survenir après le mariage.

Si vous vivez une relation insatisfaisante, vous savez déjà que vous avez des problèmes. Mais vous ne savez pas si ces derniers viennent d'une grande différence dans l'intensité de vos besoins respectifs ou s'ils résultent de choix de vie. On transforme plus facilement sa façon de vivre que le profil de l'intensité de ses besoins. Mais même si vos profils respectifs sont en conflit, savoir où se situent les différences et ce qu'elles sont vous donne une information qui peut vous permettre de résoudre le problème. Par exemple, vous pourrez vous appuyer sur vos compatibilités et tenter d'éviter les zones d'incompatibilités.

Supposons que Jean soit marié à Pauline et que leur vie de couple périclite. S'il voulait faire quelque chose à ce sujet, il pourrait venir faire une démonstration de ses exercices de musculation et de mise en forme dans la classe de Pauline. Cela satisferait son besoin de pouvoir. Quant à Pauline, voyant qu'il utilise ses talents à l'aider dans sa tâche d'enseignante, elle pourrait se montrer plus tolérante sur le temps qu'il passe à s'entraîner et donc lui donner la liberté dont il a tant besoin. Jouissant de cette liberté et appréciant la tolérance dont Pauline fait preuve, Jean pourrait se montrer plus aimant.

Vivre à deux, c'est difficile; un petit peu d'aide peut faire la différence entre une relation supportable et une relation heureuse. Même ce petit effort dont le but est d'atteindre une plus grande compatibilité dans le couple n'est pas facile à faire. Mais il représente la meilleure chance de succès. Pauline ne va sûrement pas abandonner son enseignement et le souci qu'elle a de ses élèves;

Jean n'arrêtera pas de faire ses exercices en solitaire. Il leur faut donc trouver un terrain d'entente entre leurs deux styles de vie extrêmement différents.

Pour illustrer le profil de l'intensité des besoins, je me prendrai moi-même comme exemple. J'évaluerai l'intensité respective de mes besoins fondamentaux en les classant selon une échelle de 1 à 5, où 1= très faible, 2= sous la moyenne, 3= dans la moyenne, 4 = au-dessus de la moyenne et 5 = très au-dessus de la moyenne. Puis je regrouperai toutes ces cotes dans l'ordre suivant: la survie, l'amour et le sentiment d'appartenance, le pouvoir, la liberté et le plaisir. J'établirai ainsi mon profil personnel relatif à l'intensité de mes besoins et je montrerai comment ma personnalité en est le résultat. Puis je comparerai mon profil avec celui de ma défunte épouse pour montrer clairement comment on peut se servir de ces profils pour établir les compatibilités entre partenaires. Enfin, j'expliquerai que certains profils permettent de prédire le succès d'un couple et d'autres son échec. Soyez donc prudent si vous entreprenez une relation avec une personne appartenant à la deuxième catégorie.

L'intensité de mes besoins

La survie: 3: dans la moyenne

Si je considère ma vie sous l'angle de ce besoin fondamental, je dirai que je suis bien plus économe que dépensier, mais je ne suis pas âpre au gain et ne tire aucune satisfaction particulière de ce que l'argent permet. Je ne suis pas un fanatique de la santé, mais j'y fais attention et je mange de façon équilibrée. Approchant de mes soixante-dix ans, je continue d'avoir un grand appétit sexuel, et cela implique un besoin de survie au moins égal à la moyenne. D'un autre côté, je sais que mon besoin de survie ne se situe pas au-dessus de la moyenne parce que je ne suis prêt à me contenter du statu quo dans aucune des dimensions de ma vie. De fait, toute ma vie je n'ai jamais hésité à prendre des risques, à vivre de nouvelles expériences et à explorer de nouvelles idées. Compte tenu de tout cela, je pense me situer tout à fait dans la moyenne sur le plan du besoin de survie.

L'amour et le sentiment d'appartenance: 4: au-dessus de la moyenne.

J'ai énormément besoin d'amour et d'intimité avec l'autre, et je me sens très concerné par le bien-être de mes congénères, les êtres humains. Je passe le plus clair de mon temps à essayer de mettre sur pied des écoles plus attrayantes pour les professeurs et les élèves. D'un autre côté, je n'éprouve guère le besoin de faire connaissance avec des étrangers; par exemple, je parle rarement à mon voisin dans l'avion, j'entreprends rarement de faire connaissance avec lui, même si je prends régulièrement l'avion. Cette réticence à aller au devant de gens que je ne connais pas combinée à mon grand besoin d'intimité avec ceux que j'aime me pousse à penser que, sur le plan de ce besoin, je me situe au-dessus de la moyenne, mais pas très au-dessus.

Le pouvoir: 4: au-dessus de la moyenne

Il ne fait pas de doute que je cherche à exceller dans mon domaine et à être reconnu, sinon je n'écrirais pas ce livre. Mais même si, dans ma spécialité, je cherche la reconnaissance, je ne recherche pas le pouvoir personnel. Je n'aime pas donner des ordres ou dire aux gens quoi faire pour le plaisir d'être le maître. Par exemple, même si je suis à la tête d'une importante organisation, je la sers bien plus que je ne la dirige et je cherche constamment à aider mes gens et à les encourager à développer de nouveaux concepts. Je délègue la direction des opérations à des associés en qui j'ai pleine confiance; j'écoute ce qu'ils ont à dire et je suis presque toujours d'accord.

Je gagne fort bien ma vie, et je veux plus que la simple sécurité financière; je ne veux tout simplement pas avoir à penser à l'argent.

J'essaie dans une certaine mesure de consacrer une partie de ce que je gagne à aider mes collègues à mettre en pratique mes idées, et je fais en sorte qu'aucun de ceux qui organisent mes conférences ne perde jamais d'argent, ce qui satisfait aussi mon besoin de pouvoir. Je ne comprends pas les gens qui prennent aux démunis, qui mettent des employés à la porte quand leur compagnie fait des profits considérables, et je ne fais preuve d'aucune tolérance pour les gens dont les salaires atteignent les dizaines de millions. Même s'il leur arrive de donner à des œuvres charitables, je pense à la façon dont ils auraient pu améliorer nettement la vie de beaucoup de leurs employés en prenant moins d'argent et en usant de leurs talents pour en faire plus pour ceux dont le travail leur a permis d'atteindre le succès.

Dans mes relations avec les femmes, je ne me montre nullement compétitif. Dans mon organisation, les femmes ont autant de chance d'acquérir le pouvoir disponible et elles se sont d'ailleurs prévalu de cette possibilité. Je veux être reconnu comme un des meilleurs non seulement dans mon champ de compétence initial, la psychiatrie, mais aussi dans le domaine de l'éducation et de la direction. Pour y arriver, je consacre des efforts considérables à convaincre les gens de se servir de mes idées, mais je ne tente jamais de les y contraindre. Je me perçois comme un leader, pas comme un patron. Tout cela contribue à me classer au-dessus de la moyenne, mais pas au sommet de l'échelle pour ce qui est du besoin de pouvoir.

La liberté: 5: très au-dessus de la moyenne

Plus qu'aucun autre, le besoin de liberté domine ma vie. J'écoute très attentivement les gens, mais je ne puis supporter qu'on essaie de me dire comment vivre ma vie, ou pire encore, qu'on tente de me faire faire des choses que je ne veux pas faire. J'ai la chance d'avoir réussi et d'avoir ainsi pu choisir presque tout ce que je fais. Mais ceux qui ne réussissent pas n'ont malheureusement guère de liberté dans aucun domaine. Je suis très ferme sur ce point, les gens ne devraient pas essayer de dicter aux autres comment vivre leur vie: c'est un domaine où nul n'est expert, même pas les psychiatres.

Ce livre se donne pour tâche de vous dire ce qui, selon moi, vous devriez savoir sur la façon dont l'être humain fonctionne. Mais il ne prétend pas vous donner des directives sur ce que vous devez faire avec ce savoir. Cela vous regarde. Tout ce que je peux faire, c'est émettre des suggestions basées sur mon savoir et sur mon expérience. C'est ainsi que j'ai vécu ma vie et cela est aussi la base de la nouvelle thérapie que j'ai définie, la thérapie de la réalité. Les thérapeutes sont des enseignants, pas des directeurs de conscience. Comme j'aime passionnément apprendre et me servir de ce que j'apprends, je veux que les autres puissent en faire autant. Je crois en la liberté des chances et en la recherche du bonheur.

Mais en même temps, je crois en la responsabilité. Nul n'a le droit de faire ce qu'il veut aux dépens d'un autre être humain, et même d'un autre être vivant. Si nous ne nous montrons pas plus responsables dans la satisfaction de nos besoins et en particulier notre besoin de pouvoir, nous deviendrons vite une espèce menacée.

Enfin, il m'est difficile de concilier mon besoin de liberté et les restrictions imposées par la vie de couple. Ma défunte épouse et moi avions beaucoup de discussions à ce sujet, et en particulier à propos du conflit entre mes obligations à son égard et à l'endroit de notre famille, et mon désir de poursuivre ma carrière. Nous avions trouvé un compromis: elle m'a aidé, non seulement parce qu'elle m'aimait, mais parce qu'elle croyait en ce que j'essayais de faire. Mais pour en arriver à ce compromis, il nous a fallu nous parler et nous écouter l'un l'autre. Et cela n'a jamais été simple. J'envie les gens vivant en couple qui ont un moins grand besoin de liberté; leur vie semble tellement plus facile.

Le plaisir: 5: très au-dessus de la moyenne

J'aime le plaisir tout autant que la liberté. J'aime rire et plaisanter. Je déteste le sérieux s'il est le moins du monde prétentieux. Je plains les gens qui n'ont pas le sens de l'humour, mais, pour moi, l'humour doit vouloir dire quelque chose. À moins de pouvoir apprendre ou enseigner par lui, l'humour ne veut rien dire.

Comme je l'ai dit, je suis persuadé, d'après mon expérience personnelle, que le plaisir vient toujours récompenser l'apprentissage, et j'ai appris le plus, et de loin, de gens capables de faire partager leur expérience avec humour. Je pense que les gens les plus forts sont ceux qui sont capables de rire d'eux-mêmes. L'incapacité de rire de soi veut dire un manque d'équilibre dans la personnalité, indicateur d'un trop grand désir de pouvoir et d'un trop faible goût du plaisir. Les personnes poussées par la soif de pouvoir aiment plaisanter aux dépens des autres, mais elles n'aiment pas s'amuser; ce sont des assoiffées de pouvoir méprisantes.

Heureusement, le besoin de pouvoir ne me pousse pas au point de n'avoir pas besoin de m'en distraire en m'amusant. J'aime jouer à toutes sortes de jeux et j'aime gagner, mais je n'ai pas besoin de gagner tout le temps. J'éprouve un plaisir sincère quand mon adversaire fait un bon coup ou quand l'équipe adverse réussit un très beau jeu. J'aime lire, voyager, aller au théâtre, l'art, la musique et les films non violents. Je n'ai donc aucune difficulté à trouver des choses à faire qui correspondent à ce que la plupart des femmes instruites et cultivées aiment faire.

Comment dresser le profil de l'intensité de ses besoins

Tous les profils contenus dans ce livre présentent l'intensité de chaque besoin dans l'ordre suivant: 1) la survie; 2) l'amour et l'appartenance; 3) le pouvoir; 4) la liberté et 5) le plaisir. En me basant sur la description que je viens de faire de moi-même et qui en dit long sur ma personnalité, voici comment j'obtiens le profil de l'intensité de mes besoins. Je suis dans la moyenne pour ce qui est du besoin de survie (3); au-dessus de la moyenne pour ce qui a trait à l'amour (4); au-dessus de la moyenne pour le pouvoir (4); très avide de liberté (5) et de plaisir (5). Donc, dans l'ordre indiqué ci-dessus, le profil de l'intensité de mes besoins se lit 34455. À partir de ce profil 34455, je me suis donné la personnalité que je viens de décrire.

Connaître mon profil m'est utile de bien des façons. Je m'en sers pour voir où se situaient mes compatibilités et mes incompatibilités avec le profil de Naomi, ma défunte épouse. Mais d'abord, il est juste de dire que nos quarante-six ans de mariage ont été une réussite. La plupart du temps, nous nous sommes montrés aimants et pleins de considération l'un pour l'autre. Et nous n'avons jamais envisagé sérieusement le divorce. Certes nous avons eu des désaccords, essentiellement à propos de mon besoin de liberté, mais nous en avons discuté, parfois de façon plutôt vive, mais presque jamais au point de nous disputer. Notre capacité de faire ensemble beaucoup de choses que nous aimions tous deux nous a permis de surmonter facilement nos différences presque dans tous les cas. D'ailleurs, pour que notre mariage dure aussi longtemps, il fallait bien que nous ayons des profils compatibles. Naomi se situait en dessous de la moyenne quant à la survie (2), son besoin d'amour et d'appartenance était encore plus fort que le mien (5); elle était égale à moi en ce qui concerne le besoin de pouvoir (4); dans la moyenne quant à la liberté (3); et au-dessus de la moyenne pour le plaisir. Cela lui donnait un profil de 25434 en comparaison de mon 34455.

La comparaison de nos profils

La survie: elle 2, moi 3

Son besoin de survie étant moins fort que le mien, Naomi éprouvait moins que moi le besoin d'épargner. La différence n'était pas considérable, mais malgré tout, au fil des années, j'ai dû apprendre à me montrer moins grippe-sous. Nous avons réglé cela: j'ai accédé à ses désirs et je ne l'ai jamais regretté. Je savais bien qu'elle avait raison, mais la différence dans l'intensité de nos besoins restait toujours là, et je ressentais toujours sur le coup une impression un peu désagréable. Comme, par exemple, la fois où elle m'a annoncé que nous allions voyager en première classe pour aller en Europe. Mais je ne me suis jamais senti perturbé au point de ne pas apprécier voyager en première; donc, mon besoin de survie ne dépassait pas la moyenne. S'il s'était élevé à 4 ou à 5, nous aurions pu avoir des dissensions plus sérieuses.

L'amour: elle 5, moi 4

Son besoin d'amour et d'appartenance était plus fort que le mien, mais pas de beaucoup; nous avons donc pu, la plupart du temps, satisfaire nos besoins d'amour réciproques. Nous différions surtout en ce qu'elle éprouvait un besoin plus grand de relations familiales en dehors de notre famille immédiate. Elle était aussi nettement plus portée à se faire de nouvelles connaissances et à amorcer la conversation avec des inconnus. Je ne m'en offusquais pas le moins du monde. De fait, j'aimais qu'elle se montre amicale tant qu'elle n'insistait pas pour que je sois comme elle, ce qu'elle n'a jamais fait. J'appréciais aussi beaucoup ses talents en société: ils nous furent d'ailleurs très utiles dans notre travail à nous deux.

Le pouvoir: elle 4, moi 4

Notre besoin de pouvoir à tous deux se situait au-dessus de la moyenne, mais là encore nous n'entrions guère en conflit. Elle était partie prenante dans une bonne part de mon travail. Elle m'aidait à écrire, et je lui en attribuais toujours beaucoup de crédit. Il y avait donc, la plupart du temps, fort peu de problèmes au niveau du besoin de pouvoir. Elle me recommandait toujours de faire attention à ne pas viser trop haut. Mais en même temps elle se joignait à moi dans mes entreprises, et comme généralement cela marchait, il n'y avait pas de problème. Nous ne sommes jamais entrés en compétition l'un avec l'autre, ce qui est la clé du succès d'un couple où les deux partenaires éprouvent de grands besoins de pouvoir.

La liberté: elle 3, moi 5

Comme je l'ai déjà mentionné, la liberté a été notre plus grand problème. J'éprouve un très grand besoin de liberté, et elle était dans la moyenne sur ce plan. Elle n'arrivait pas à comprendre pourquoi je voulais faire tant de choses tout seul, en particulier mettre tant d'idées en application et travailler autant, loin de la maison. Nous n'avons jamais réglé ce problème, mais progressivement elle a fini par accepter que c'était ma façon d'être. C'est aussi devenu plus facile pour elle quand les enfants sont devenus grands et qu'elle a été moins prise par eux. Mais quoi qu'il en soit, nous avons vite reconnu qu'il y avait là une grande différence entre nous; nous avons respecté cette différence et nous avons travaillé de bien des façons afin d'en amoindrir les effets.

Elle m'acceptait comme je suis. Nous nous disputions un peu de temps en temps et elle se plaignait beaucoup, mais elle n'essayait pas de me changer; elle savait que c'était impossible. J'ai fait tout ce que j'ai pu, jamais assez pourtant, pour la satisfaire, et elle appréciait mes efforts en ce sens. Les différences de besoins rendaient les choses difficiles, mais jamais elles n'ont menacé notre mariage. Rarement avons-nous éprouvé moins d'amour l'un pour l'autre.

Un grand besoin de liberté chez un des partenaires devrait faire figure de drapeau rouge dans n'importe quelle relation; il vaudrait mieux que le couple s'en aperçoive assez tôt et y travaille continuellement. Les couples où l'un des partenaires ou les deux ont soif de liberté marchent mieux quand les deux ont un besoin de pouvoir plutôt faible et éprouvent un grand besoin d'amour et de plaisir. Ce n'était pas notre cas en ce qui a trait au pouvoir, d'où les discussions et les récriminations. En revanche, nous étions très proches l'un de l'autre sur le plan de l'amour et du plaisir. Les joies apportées par l'amour et le plaisir combinées à un faible besoin de pouvoir, c'est-à-dire peu de désir de changer l'autre, pourraient faire d'un couple, où l'amour de la liberté est puissant, une plus grande réussite encore que la nôtre.

Le plaisir: elle 4, moi 5

Nous avons eu un petit problème avec le plaisir, mais rien de bien grave. Naomi avait un peu de mal à comprendre pourquoi je cherchais toujours de nouvelles idées, pourquoi je ne me contentais pas du succès que j'avais atteint. Pour moi, ç'aurait été l'ennui total; j'ai besoin d'apprendre de nouvelles choses, de m'engager dans de nouvelles activités: la créativité donne tellement de plaisir! Nous partagions suffisamment de distractions – les voyages et le théâtre – pour que ma recherche constante de nouvelles idées ne devienne pas un problème. En outre, elle riait toujours de mes plaisanteries et de mes blagues, et cela nous faisait du bien à tous les deux.

Robert et Francesca

Comme leur vie est devenue à ce point publique, je crois qu'il serait amusant de comparer les profils d'intensité des besoins des amants fictifs de *Sur la route de Madison* pour essayer de voir ce qui a mal tourné. Mal tourné si, du moins, vous êtes un romantique qui espérait une fin heureuse. Je dirais que Robert se situait dans la moyenne quant au besoin de survie, l'amour et le pouvoir (3,3,3). Il avait un très grand besoin de liberté (5) et un besoin modéré de plaisir (3), ce qui lui donnait donc un profil de 33353. Je m'appuie sur le fait qu'il ne s'est jamais remarié, qu'il était très compétent sans être passionné par la vie qu'il menait, sauf qu'elle lui donnait la chance d'être libre, sa plus grande passion.

Comme leur brève relation ne leur a pas laissé beaucoup de temps pour le plaisir, j'imagine que son besoin de plaisir se situait dans la moyenne.

Francesca, elle, avait un besoin de survie très fort (5), sinon elle aurait suivi Robert, et un grand besoin d'amour (5), autrement elle n'aurait jamais envisagé de faire ce qu'elle a fait de façon si passionnée. Mais c'est ce même besoin intense d'amour qui l'a rendue si réticente à quitter ses enfants et un bon mari même s'il était terne. Son besoin de pouvoir et son besoin de liberté étaient également faibles (2,2), car elle n'aurait pas supporté si longtemps, sans se plaindre, une vie de couple sans passion. Là encore, je ne puis guère évaluer son besoin de plaisir, mais il était probablement peu élevé (2), dans la mesure où elle n'a même pas eu la possibilité d'essayer quoi que ce soit qui implique un apprentissage. Dans son ensemble, son profil s'établissait donc à 55222.

Aussi amoureux pouvait-il être de Francesca, Robert n'était pas un Roméo. Il chevauchait en solitaire, même si aucun des membres du clan de Francesca ne se serait lancé à sa poursuite s'il l'avait enlevée. Si elle l'avait suivi, il se serait montré attentionné. Mais avec son amour dans la moyenne et son grand besoin de liberté, il n'avait pas la capacité à long terme de l'aimer de la façon dont elle aurait voulu être aimée si elle avait accepté de faire le sacrifice de partir avec lui. Et je crois que cela, elle le savait. Son besoin de survie et son besoin d'amour l'ont fait rester fidèle, et comme elle n'éprouvait pas un grand besoin de pouvoir ou de liberté, elle l'a laissé partir. La séparation fut triste mais pas tragique, et je ne pense pas qu'ils auraient pu maintenir très longtemps, dans le cadre d'une relation licite, ce qui s'était révélé illicitement si merveilleux pendant une semaine.

Si vous avez lu l'histoire de Francesca et Robert, vous pouvez dresser vous-même le profil d'intensité de leurs besoins pour voir ce que vous obtenez. Il n'est pas question d'avoir juste ou faux, mais seulement de faire un bon exercice pour vous préparer à tracer votre propre profil et celui de votre partenaire.

Les profils d'intensité des besoins favorables à la vie de couple

L'autre soir, j'ai dîné avec un couple qui compte parmi mes plus vieux amis. Sachant qu'ils vivaient une union réussie depuis quarante-quatre ans et étant convaincu qu'ils ne se feraient nullement prier, bien au contraire, je leur ai demandé s'ils accepteraient d'établir, avec mon aide, leur profil d'intensité des besoins. Ils se sont bien amusés à le faire tout en prenant la chose très au sérieux. Il a obtenu 45235 et elle 25335. En discutant des similarités et des différences entre eux, il nous est apparu clairement que la seule incompatibilité, au demeurant très mineure, qui dans leur vie de couple a exigé de leur part une certaine négociation, touchait le besoin de survie. Elle aime prendre des risques et lui se montre au contraire très conservateur sur ce point. Ce n'est pas grand-chose, mais ils ont reconnu l'un et l'autre que leurs profils respectifs faisaient très clairement voir cette différence.

J'en fais mention ici parce qu'un aspect particulier de leurs profils, très différent d'ailleurs de ce qui prévalait dans mon mariage, s'avère particulièrement intéressant. Le besoin de pouvoir de l'homme (2) est inférieur à celui de sa compagne (3). Les formes de compatibilité qui mènent à une bonne union, ce couple les a toutes les deux: ils ont tous deux un grand besoin d'amour et un faible besoin de pouvoir. Il est toujours bon de partager un grand besoin d'amour, mais quand cela se double de la tolérance réciproque qui accompagne un faible besoin de pouvoir chez les deux partenaires, les chances d'une union heureuse deviennent extrêmement fortes. Comme les hommes ont davantage accès au pouvoir, ses faibles besoins en la matière en font un homme satisfait et les besoins de sa compagne, plus élevés mais pas trop, font de leur vie de couple une relation égalitaire plutôt que compétitive. Et c'est précisément ce qu'ils avaient découvert dans leur heureuse union, comme la discussion sur ce point nous l'a plus tard démontré.

Il est bon, c'est évident, que les deux aient sensiblement le même besoin de survie. Dans le cas de mes amis, ce point représente leur seule difficulté, une difficulté mineure dans la mesure où ils sont à l'aise sur le plan financier. Mais il est néanmoins préférable que les deux soient dépensiers ou économes, preneurs de risques ou conservateurs. Chaque fois qu'on rencontre une grande différence en la matière, on risque qu'il y ait des problèmes.

C'est aussi évident, le besoin d'amour doit être élevé chez les deux partenaires, et je viens d'expliquer à quel point il est souhaitable que les deux éprouvent également un faible besoin de pouvoir. Mais c'est aussi une bonne combinaison que l'un ait un grand besoin de pouvoir si l'autre en éprouve un faible: ainsi, celui qui mène n'a guère d'opposition de la part de celui qui se laisse mener.

Dans le cas de Naomi et de moi-même, comme nous avions tous deux un grand besoin de pouvoir, nous aurions pu facilement connaître des difficultés si nous n'en avions pas pris conscience et si nous n'avions pas collaboré dans cette quête du pouvoir dont nous avions tous deux besoin. Bien des couples ne veulent pas ou ne peuvent pas le faire. Si, en effet, l'homme exerce un emploi dans lequel la femme ne peut guère s'impliquer, et si elle vit elle-même la même situation, ils peuvent éprouver de sérieuses difficultés: ils luttent tous deux pour acquérir du pouvoir chacun de son côté et entrent même en compétition l'un avec l'autre. Tant que chacun parvient à satisfaire au travail son besoin de pouvoir, il n'y aura sans doute guère de difficultés à la maison. Mais si l'un des deux ou les deux sont incapables de satisfaire un grand besoin de pouvoir au travail, comme c'est souvent le cas, ils risquent fort d'avoir des problèmes à la maison.

Ou encore, si la femme assoiffée de pouvoir reste au foyer pour s'occuper de la maison tandis que son compagnon satisfait son besoin de pouvoir à l'extérieur, la vie de couple en souffrira. Et c'est pire encore si l'homme la force à le faire. Même si s'occuper des enfants peut satisfaire les besoins de survie, d'amour et de plaisir, la plupart des femmes ne trouvent pas que cela comble leurs besoins de pouvoir malgré tous leurs efforts en ce sens. Les femmes dont le besoin de pouvoir est élevé s'en tirent mieux en travaillant à l'extérieur et plus encore si leur compagnon les aide en faisant sa part avec les enfants. Incontestablement, le besoin de pouvoir rend plus difficile la réussite de la vie de couple que le besoin d'amour ou le besoin de survie. L'égalité dans ce domaine, par exemple, marche mieux quand les deux partenaires éprouvent un besoin de pouvoir plutôt limité.

Il s'avère également plus favorable à une union harmonieuse que les deux partenaires éprouvent un besoin de liberté faible ou dans la moyenne. De grands besoins de liberté chez les deux partenaires peuvent fonctionner malgré tout, s'ils sont contrebalancés par de grands besoins d'amour et un besoin de pouvoir qui ne dépasse pas la moyenne. Le grand besoin d'amour maintient les partenaires unis; et le faible besoin de pouvoir les empêche d'essayer de restreindre la liberté de l'autre. Mais je pense malgré tout qu'il s'agit là d'une union à risques; un grand besoin de liberté va toujours entrer en conflit avec toute relation le moindrement restrictive, et la vie commune impose des restrictions.

Si l'un des partenaires éprouve un grand besoin de liberté et que le besoin de l'autre en ce domaine est faible ou modéré, ce dernier en souffrira, comme ce fut le cas dans mon mariage. Nous éprouvions tous deux un grand besoin d'amour, ce qui nous a rendu vivable cette disparité, mais il aurait mieux valu pour notre vie de couple que Naomi ait en outre un faible besoin de pouvoir. Mais ce n'était pas le cas, et nous avons donc connu quelques difficultés. Pourtant, des unions semblables ou même des unions où les deux ont un grand besoin de liberté bénéficient d'une chance particulière: les gens qui éprouvent un grand besoin de liberté semblent faire preuve également de beaucoup de créativité. La créativité exige la liberté. Donc, si le ou les partenaires épris de liberté jouissent d'assez d'espace, la créativité qui en résultera pourra s'avérer très profitable pour le couple. Je traiterai d'ailleurs de l'importance de la créativité au chapitre 8.

Le plaisir est également lié à la créativité, et les gens qui ont de grands besoins dans ce domaine et sont capables de les satisfaire dans le couple ont tendance à se montrer très créatifs. Quand les deux partenaires éprouvent un grand besoin de plaisir, leur union s'en trouve solidifiée. Même des besoins moyens, s'ils sont partagés, s'avèrent favorables; et s'ils éprouvent tous deux de faibles besoins dans ce domaine, ce n'est pas non plus nuisible à leur union (même s'ils ne sauront jamais ce qu'ils perdent). Mais une disparité dans le besoin de plaisir des deux partenaires nuira au couple: le besoin de plaisir poussera celui qui l'éprouve à chercher d'autres personnes avec qui partager ses rires.

La chance particulière dont le couple bénéficie dans ce cas, c'est que les gens qui ont un grand besoin de plaisir ne sont généralement pas attirés par ceux qui n'en ont guère besoin. Si c'est votre cas, et que vous ne vivez pas en couple, ne vous contentez jamais de quelqu'un dont les besoins sur ce plan sont inférieurs à la moyenne. Et plus votre partenaire aura des besoins élevés, mieux ce sera. Ce n'est pas là un besoin qu'on puisse cacher; il est donc facile d'évaluer les besoins d'un partenaire dans ce domaine.

Mais considérons maintenant l'envers de la médaille.

Les profils d'intensité des besoins néfastes à la vie de couple

Sur la foi de nombreuses années passées à travailler avec diverses personnes malheureuses et insatisfaites de leur vie, j'en suis arrivé à la conclusion que certains profils d'intensité des besoins se révèlent néfastes à la vie de couple. Le profil qui ne présage rien de bon pour la vie de couple correspond au code 11555. Il est bien plus répandu chez l'homme que chez la femme. Si une femme dont le profil est plus proche de la moyenne, tel que 33333, épouse un homme dont le profil se rapproche de près ou de loin de 11555, elle se réserve une place en enfer.

Dans ce type de profil, c'est le faible besoin d'amour, proche de l'absence totale de besoin, combiné à l'extrême besoin de pouvoir, qui s'avère le trait antimariage par excellence. C'est que 11555 représente le profil classique du sociopathe ou du psychopathe, quelqu'un qui ne se préoccupe que de sa propre satisfaction, au point même de risquer sa vie pour cela, comme le montre son faible besoin de survie.

Mais se montre presque aussi mal faite pour la vie de couple une personne dont le besoin de survie moyen ou même fort se combine à un faible besoin d'amour, un grand besoin de pouvoir et un très faible besoin de plaisir. Poussée à l'extrême, cette configuration donne 51531. Les femmes peuvent présenter elles aussi ce profil, mais c'est rare parce qu'elles n'ont presque jamais un profil combinant un faible besoin d'amour à un grand besoin de pouvoir (X15XX). Une femme connue de tous, Scarlett O'Hara, se rapproche de ce profil; je lui donnerais quant à moi un 52542. Elle avait un besoin de survie très développé, un faible besoin d'amour (elle ne s'est guère montrée affectée par la perte de sa fille), un grand besoin de pouvoir et de liberté (elle n'en faisait jamais qu'à sa tête), et un faible besoin de plaisir (elle ne respirait pas la joie de vivre).

J'attribuerais par ailleurs à Rhett Butler un profil de 25455. Il était en dessous de la moyenne en ce qui concerne la survie (il prenait facilement des risques), éprouvait un grand besoin d'amour, un grand besoin de pouvoir, même s'il n'était pas aussi grand que celui de Scarlett, et un très grand besoin de liberté et de plaisir (c'était bien évident). Il est facile de voir que dans leur vie de couple, les différences majeures touchaient la survie, l'amour et le plaisir. De telles différences sont généralement irréconciliables, comme ce fut le cas pour eux.

Les hommes qui présentent le profil du sociopathe, 11555, n'éprouvent pas de difficulté à séduire les femmes: ils paraissent si forts et le mépris des conventions dont ils témoignent s'impose tellement que leur grand besoin de liberté et leur faible besoin de survie les rend extrêmement séduisants. Et tant qu'ils ne se mettent pas à exploiter cette séduction, ce qui ne prend généralement que quelques semaines, ils se montrent très agréables.

Ils peuvent être des amants fort séduisants, mais leur amour n'est pour eux qu'un filon à exploiter, sans véritable sentiment. C'est d'ailleurs parce qu'il y a en eux si peu de sentiment qu'ils peuvent se montrer amants. Ils peuvent aussi aimer facilement dans la mesure où leur faible besoin de survie fait qu'ils ne se soucient guère de l'avenir. Ils vivent dans l'instant. Et parce que l'avenir ne leur vient jamais à l'esprit, la menace d'une sanction ne les arrête pas.

Ces hommes-là, on les reconnaît facilement: ils présentent presque toujours un parcours qui va de victime en victime; ils promettent l'amour, mais se révèlent des abuseurs et des exploiteurs. Si une femme se montre méfiante, leur angle d'attaque consiste à dire: «Avec toi, je serai différent.» Les femmes succombent constamment à ce genre d'argument, mais de tels hommes ne deviennent jamais différents avec qui que ce soit. Avec un grand besoin de pouvoir et un besoin d'amour faible ou inexistant, ils n'ont tout simplement pas la capacité d'agir différemment.

On reconnaît ces hommes extrêmement séduisants à leur histoire, entièrement négative. Demandez-leur. S'ils se montrent évasifs, attention! S'ils vous disent la vérité, ce qu'ils peuvent fort bien faire tout en vous assurant du même souffle que pour vous ils vont changer, sauvez-vous au plus vite. On ne peut leur faire confiance: toujours l'excuse à la bouche, ils vous empruntent de l'argent et même vous volent; généralement ils boivent et se droguent. Ils ont toujours une excuse, une bonne raison qui semblent toutes plausibles, car ils se montrent très experts dans ce qu'ils font. Si vous rencontrez un homme exceptionnellement séduisant, demandez-vous pourquoi un être aussi attirant est disponible et pourquoi vous l'attirez tant. Quiconque semble trop bon pour être vrai est généralement effectivement trop bon pour être vrai...

Une autre catégorie d'individus peu faits pour la vie de couple à moins qu'on ne soit disposé à s'occuper d'eux, pour la plupart, des hommes, encore une fois, présente un profil qui se rapproche de 25113. C'est le bébé à sa maman, une personne très dépendante qui peut à peine survivre sans aide. Il a beaucoup d'amour, mais sans le moindre besoin de pouvoir, il ne peut soutenir cet amour par l'action ou l'effort. Son besoin de liberté n'est guère développé; il est tout à fait satisfait qu'on prenne soin de lui. Généralement, ce n'est pas un abuseur, mais il peut le devenir si l'on ne s'occupe pas de lui. Son besoin de plaisir se situe dans la moyenne, mais là encore, si l'on s'occupe de lui, il peut se montrer un fort agréable compagnon.

On reconnaît ces hommes surtout au fait qu'ils sont toujours dans les parages, mais ne font pas grand-chose. Ou bien ils ne travaillent pas ou bien ils ont de la difficulté à garder leur emploi. Ils font sans cesse des plans, qui vont tous se matérialiser bientôt, mais ils ne les mènent jamais à terme. Eux aussi ont toujours l'excuse prête, passant leur temps à expliquer que c'est la faute d'un autre si ça a finalement mal tourné. Pour eux, «l'herbe est toujours plus verte de l'autre côté de la clôture», mais si vous ne les faites pas passer par-dessus, ils n'y parviennent jamais eux-mêmes.

En général, il faut se méfier, à la fois chez les femmes et chez les hommes, mais d'après mon expérience surtout chez les hommes, de ceux qui présentent une grande disparité dans l'intensité de leurs divers besoins, l'amour étant toujours le besoin le moins développé. Quiconque montre un faible besoin d'amour combiné à des grands besoins en matière de survie, de pouvoir ou de liberté, ou même de plusieurs à la fois, est un très mauvais candidat à la vie de couple. J'ai déjà analysé le profil d'un homme au faible besoin d'amour combiné à un grand besoin de pouvoir. Un homme au faible besoin d'amour combiné à un grand besoin de liberté (31353) est semblable, à ceci près qu'il se marie rarement ou s'il le fait, c'est pour si peu de temps que son mariage devient un simple accident de parcours.

Pose aussi un problème, le partenaire, là encore généralement un homme, qui allie un faible besoin d'amour et un fort besoin de survie à un faible besoin de plaisir (51331). Un tel homme travaille dur, pourvoit bien aux besoins du ménage et n'est pas un abuseur, mais offre une union sans joie, avec fort peu de sexe amoureux. Il peut avoir besoin de beaucoup de sexe hormonal à cause de sa grande réserve d'hormones de survie, mais ce n'est guère satisfaisant pour une femme qui a besoin d'amour. Presque toutes les femmes peuvent facilement faire la différence entre le sexe hormonal, que certains appellent «un petit coup vite fait bien fait» et le sexe amoureux.

Si vous êtes la compagne d'un tel homme, tout le monde vous dira à quel point vous avez de la chance: «C'est un homme qui s'occupe si bien de tout.» Mais si c'est un véritable compagnon que vous voulez, vous n'êtes guère chanceuse, au contraire. Toutefois, si vous avez sensiblement le même profil, vous pouvez vous en tirer pas trop mal, mais c'est à peu près tout ce que vous pouvez espérer. Avec un tel profil, il vous aidera à prendre soin des enfants, ce qui peut s'avérer être le lien le plus solide et la force de votre vie de couple. Et ce n'est pas si mal après tout; les enfants réussissent bien, et il se peut qu'ils n'héritent pas de son profil aux extrêmes trop prononcés.

J'ai déjà analysé le cas de la personne dépendante qui éprouve un grand besoin d'amour, un faible besoin de pouvoir et aussi, habituellement, un faible besoin de liberté. Mais que dire d'un compagnon dont les besoins de survie, d'amour, de pouvoir et de liberté se situent tous dans la moyenne, mais dont le besoin de plaisir est très faible (33331)? Ce n'est pas une combinaison vraiment désastreuse, mais si vous éprouvez quant à vous un besoin de plaisir tout simplement normal ou plus élevé encore, il va falloir que vous cherchiez en dehors de votre relation conjugale. Le plaisir que vous éprouvez le jour de vos noces, c'est celui que vous aurez le reste de votre vie. Car un tel compagnon n'apprendra rien de nouveau et deviendra un consommateur de télévision de première classe.

Jusqu'ici, je me suis surtout attaché aux hommes parce que j'ai découvert que les hommes ont beaucoup plus de difficultés que les femmes à s'adapter aux exigences d'une vie de couple. Ils ont notamment tendance à avoir de plus grands besoins en matière de pouvoir et de liberté. C'est probablement lié au fait que les femmes sont biologiquement attachées à l'éducation des enfants et qu'elles ont donc évolué avec plus de gènes commandant l'amour et la survie que les hommes. Certes, les hommes ont coopéré, mais ils ont dû également partir pour la chasse tandis que les femmes se rassemblaient, ce qui les a conduites à l'autosuffisance.

Comme généralement les hommes les plus forts survivaient et laissaient plus de descendants, leurs fils héritaient de leurs gènes, et le profil d'intensité des besoins communs à la plupart des hommes en est le résultat. Les femmes que ces hommes trouvaient désirables avaient un besoin de survie fort, un grand besoin d'amour et des besoins de pouvoir et de liberté plutôt faibles: elles restaient au foyer, élevaient les enfants et ne se plaignaient pas de leur sort. Elles ont transmis ces gènes à leurs filles, ce qui a donné à la femme le profil d'intensité des besoins qui lui est propre. Les hommes qui héritaient de plus de gènes maternels se montraient moins compétitifs et laissaient moins de descendants, contrairement aux femmes qui héritaient de plus de gènes paternels. D'où la répartition des profils d'intensité des besoins les plus répandus: c'est ainsi que fonctionne l'évolution.

À mesure que la civilisation s'est développée, cette différence s'est atténuée. C'est ainsi que beaucoup d'hommes éprouvent de grands besoins d'amour et que beaucoup de femmes sont poussées par une grande soif de pouvoir. C'est pourquoi il vaut mieux évaluer les besoins des gens que l'on rencontre et rechercher un profil compatible au sien plutôt que de se contenter d'une simple moyenne produite par l'évolution. Quand il s'est agi de plaisir, les hommes ont retiré, dans les sociétés qu'ils dominaient, le plus de profit de toute nouvelle idée, mais les femmes, quant à elles, devaient se montrer astucieuses pour survivre et prendre soin des enfants: ainsi les gènes du plaisir se sont-ils développés de façon sensiblement égale chez les deux sexes, et je ne discerne pour ma part aucune différence majeure liée à l'évolution entre l'homme et la femme, en ce qui a trait au besoin de plaisir.

Les hommes au profil moyen comme 33333 ou même 34333 éprouvent des problèmes à vivre avec des femmes dont le besoin d'amour est nettement plus faible que le leur. Chez les femmes, les profils défavorables à toute union sont 31543 et, pire encore, 31553. Ces dernières réussissent très bien en affaires et dans les emplois dépourvus de contacts humains, mais elles sont de fort mauvaises partenaires dans une union où l'homme a un besoin d'amour situé dans la moyenne ou au-dessus de la moyenne.

Pour une union heureuse, un homme aimant a besoin d'une femme aimante plus qu'une femme aimante n'a besoin d'un homme aimant, parce que dans notre culture et la plupart des autres cultures, les hommes ne sont pas aussi capables que les femmes de trouver leur satisfaction dans des formes d'amour non sexuelles et dans le sentiment d'appartenance que peuvent donner la famille et les amis. C'est pourquoi les femmes unies à des hommes moins aimants qu'elles parviennent à compenser plus facilement le faible besoin d'amour de leur compagnon, contrairement aux hommes.

Les hommes qui ont un besoin d'amour moyen ou au-dessus de la moyenne, lorsqu'ils sont unis à des femmes dont le besoin d'amour se situe en dessous de la moyenne, compensent souvent en ayant des aventures plutôt qu'en se séparant de leur compagne, parce que les femmes dont le profil se rapproche de 41553 sont souvent des compagnes extrêmement compétentes sur tous les autres plans. Bien entendu, ce n'est pas toujours la raison pour laquelle les hommes ont des aventures, mais c'est une raison courante. Les gens qui ont des aventures, que ce soient des hommes ou des femmes, recherchent plus que le sexe; ils recherchent le sexe amoureux et quand ils le trouvent, l'aventure a tendance à durer.

Enfin, voici ce que peut être un profil d'abuseur de femme ou d'enfant. C'est un profil extrême, du genre 51533. Les trois premiers chiffres, 515, sont capitaux; les deux derniers ont moins

d'importance. L'abuseur d'enfant ou de femme a un grand besoin hormonal de sexe, comme le montre son très fort besoin de
survie, un besoin d'amour anormalement faible et un besoin
de pouvoir considérable.

Pour satisfaire les besoins de ce profil anormal, ces hommes
choisissent des gens sans défense, comme les femmes et les enfants, des gens qu'ils peuvent dominer et avec lesquels ils s'efforcent de satisfaire leur besoin de pouvoir et de sexe. Les maris
et les pères abuseurs rationalisent souvent leur comportement en
disant qu'ils aiment vraiment leur enfant ou leur compagne, mais
qu'il leur faut leur apprendre à obéir. Et notre société dominée
par les hommes ne les tient pas responsables de ces rationalisa-
tions autant qu'elle le devrait. Les seules différences entre eux et
les psychopathes, c'est que ces derniers n'ont habituellement pas
un besoin de survie très fort, risquent souvent leur vie et sont loin
d'être autant dominés par leurs instincts sexuels.

Une expérience: prédire l'issue d'une union

Ce chapitre se propose de vous montrer comment les profils d'intensité des besoins peuvent vous aider à comprendre votre personnalité et celle des autres. Si vous parvenez à dresser de tels
profils, vous aurez de meilleures chances de vous trouver un compagnon ou une compagne compatible ou de surmonter les problèmes que peuvent causer à votre union des profils disparates.
Le point de départ de ce livre fut l'expérience suivante.

Il y a plusieurs années, lors d'un grand rassemblement, j'ai eu
l'occasion de me livrer à une expérience avec la collaboration
d'environ 200 de mes collègues, tous familiers avec la théorie du
contrôle. J'ai commencé par leur expliquer ce que je viens de
vous expliquer ici, mais avec moins de détails; puis je leur ai
demandé de se séparer en groupes de quatre ou cinq et de dresser
par écrit les profils d'intensité des besoins de leur père et de leur
mère, en classant chaque besoin comme faible, moyen ou fort.

(J'utilisais alors une échelle à trois niveaux plutôt que celle à cinq niveaux dont je me sers maintenant, mais je ne crois pas que ce petit changement ait pu donner une différence significative dans le résultat de l'expérience.)

Puis je leur ai demandé d'évaluer, sur une feuille de papier séparée, le succès du mariage de leurs parents: 3 pour un bon mariage, 2 pour un mariage dans la moyenne, et 1 pour un mariage peu réussi ou une union brisée. Ensuite, je leur ai dit de montrer les profils de leur père et de leur mère à tous les autres membres du groupe. Après avoir donné à tous les participants une partie de l'information que je viens de donner ici sur les profils compatibles et ceux qui ne le sont pas, j'ai demandé à chacun des autres participants de classer les mariages en bons, moyens ou faibles, sur la foi de ces profils. Quand tous les membres du groupe ont eu fini, ils ont comparé leurs évaluations à celles des enfants des mariages évalués.

J'ai ensuite demandé qui avait évalué correctement les mariages, rien qu'en voyant les profils d'intensité des besoins et en ne sachant absolument rien d'autre sur ces mariages. Les résultats furent bien meilleurs que je ne m'y attendais. Près de 95% des gens s'étaient montrés capables d'évaluer correctement les mariages sur la base des profils des couples. Ceci prouve bien qu'il est possible de dresser correctement les profils d'intensité des besoins de gens que l'on connaît bien. Cela prouve aussi que de tels profils peuvent être des moyens efficaces de prédire le succès d'une union.

Si votre union est moins satisfaisante que vous ne l'aimeriez, je vous encourage à en dresser le profil avec votre conjoint ou sans lui. Pour vous exercer, vous pourriez demander à des amis dont vous connaissez les parents et qui connaissent les vôtres de se joindre à vous pour dresser le profil d'intensité des besoins de vos parents et des leurs pour voir si vous pouvez obtenir le même résultat. Parlez-en ensemble et faites-le avec eux pour d'autres couples que vous connaissez tous les deux. Des exercices de ce type vous aideront à apprendre à dresser avec certitude des profils d'intensité des besoins.

Le profil de votre conjoint et le vôtre peuvent vous faire voir en quoi vous êtes peut-être gravement incompatibles. Vous pourrez mettre à profit cet avertissement pour traiter les différences dans l'intensité de vos besoins respectifs avant que les problèmes ne deviennent insurmontables. Cela exige de la force et du courage, et certains couples, surtout au début de leur union, peuvent fort bien trouver cette façon de faire très peu romantique. Mais faire un mauvais mariage est pire que de manquer de romantisme: c'est l'enfer.

Dresser son propre profil d'intensité des besoins et celui des autres

Je vous ai fourni beaucoup d'informations dont vous pouvez vous servir pour dresser votre propre profil d'intensité des besoins ainsi que ceux d'autres personnes de votre connaissance, tout particulièrement de votre partenaire. Comme c'est le cas pour la plupart d'entre nous, vos besoins ont probablement une intensité proche de la moyenne, c'est-à-dire qu'ils se situent entre 2 et 4. Mais il est fort possible également que certains de vos besoins soient très forts ou très faibles. Il est en tout cas fort improbable qu'ils s'avèrent aussi disparates dans leur intensité respective que ceux des personnes antisociales dont j'ai parlé dans ce chapitre et qui montrent un très faible besoin d'amour et un très fort besoin de pouvoir.

Vraisemblablement, si vous avez des besoins classés 4 ou 5, comme c'est mon cas, ils ne se combineront à aucun besoin classé 1 ou 2, surtout si votre vie est productive et que vous avez connu ou connaissez encore une bonne relation de couple. Refaites ce classement plusieurs fois: en y repensant, vous acquerrez de nouvelles perspectives sur vous-même, des perspectives dont vous

vous servirez pour raffiner votre profil. N'oubliez pas: il n'y a pas de bonne ou de mauvaise réponse.

Si votre partenaire est d'accord, demandez-lui d'établir un profil d'intensité de ses besoins, soit ouvertement avec vous soit en privé. Ce que vous recherchez avant tout, c'est la justesse, pas la confession publique. Si votre partenaire refuse de se livrer à cet exercice, mettez-vous à sa place et classez ses besoins du mieux que vous pouvez. Vous verrez que vous serez sans doute étonnamment dans la vérité.

Quand vous connaîtrez le profil d'intensité de vos besoins et celui de votre partenaire, vous devrez utiliser cette connaissance de façon plus approfondie que ce que j'ai indiqué ici. C'est pourquoi je vais maintenant m'attacher non plus aux besoins et à leur intensité dans ce qu'ils ont de général, mais aux vraies personnes, aux vraies choses et aux vraies croyances qui assouvissent le mieux ces besoins, c'est-à-dire tout ce que nous emmagasinons dans ce qui constitue pour moi le cœur même de notre vie: notre monde de qualité.

Chapitre 6

Comment évaluer ses besoins psychologiques et son degré de compatibilité

Peu après notre naissance, tout notre comportement représente un effort pour obtenir ce que nous désirons à ce moment-là. Nous passons notre vie entière à apprendre ce qui satisfait le mieux nos besoins et nous emmagasinons cette connaissance dans une partie de notre mémoire que j'appelle notre monde de qualité. Plus spécifiquement, nous découvrons que certaines personnes, certaines choses, certaines croyances comblent un ou plusieurs de nos cinq besoins fondamentaux. Cette connaissance de ce qui satisfait nos besoins domine notre vie. Quand nous vivons une relation, nous créons toujours dans notre monde de qualité une image de ce que nous voulons que soit cette relation. Nous formons une image de la façon dont nous voulons être traités et de la façon dont nous nous efforcerons de traiter notre partenaire pour que chacun de nous se sente bien et désire poursuivre cette relation.

Le processus qui donne naissance à notre monde de qualité se met en branle lorsque, bébés, nous plaçons d'emblée l'image de notre mère dans notre monde de qualité. Au commencement de sa vie, lorsque la souffrance engendrée par des besoins non satisfaits l'y pousse, tout ce qu'un bébé peut faire, c'est pleurer. Pourvu que sa mère s'en occupe, ce qui est le cas, parce qu'il représente généralement l'image la plus importante de son monde

de qualité à elle, le bébé commence très tôt à apprendre que lorsqu'il ne se sent pas bien et pleure, quelque chose de bon se produit. La douleur passe, et une sensation bien plus agréable la
remplace. Très vite, il se rend compte que cette entité merveilleuse
qui soulage constamment la douleur et donne du plaisir, c'est sa
mère. Et il emmagasine cette connaissance capitale dans son
monde de qualité, habituellement sous la forme d'une image. Dans
la plupart des cas, cette image de la mère reste présente toute
sa vie.

Au cours de notre vie, nous apprenons bien des choses, nous
nous souvenons de choses innombrables, mais nous emmagasinons très peu de tout cela dans notre monde de qualité. C'est que
seule une infime partie de ce que nous apprenons s'avère suffisamment agréable pour mériter, comme notre mère, d'entrer dans
notre monde de qualité. Même quand nous sommes adultes, notre monde de qualité reste très limité. Il ne contient que les éléments les plus satisfaisants de tout ce que nous connaissons.

Très tôt nous nous plaçons nous-mêmes dans cet univers. Nous
nous y représentons avec toutes les satisfactions de nos besoins
que nous souhaitons pouvoir atteindre. Nous y plaçons aussi la
façon dont nous voulons que les autres nous traitent. À part nous-
mêmes, nous y mettons tout ce que nous chérissons: nos amis les
plus proches, nos biens les plus précieux et ceux que nous voudrions acquérir, les lieux que nous aimerions visiter, les idées et
les idéaux auxquels nous tenons, ainsi que nos convictions religieuses. Ces gens, ces choses, ces idées représentent tout ce qui a
réussi à satisfaire au mieux l'un de nos besoins fondamentaux ou
plusieurs d'entre eux.

C'est donc notre monde de qualité qui nous fait tomber amoureux. Parfois, tôt dans notre adolescence, poussés fortement mais
pas exclusivement par nos hormones sexuelles générées par notre besoin de survie en tant qu'espèce, nous commençons à nous
faire une idée de celle ou de celui qui représenterait le conjoint
idéal. À partir de cette idée préliminaire, une image de cette

personne commence à prendre forme dans notre monde de qualité. Pour les garçons, cette image peut être dotée de certaines des qualités de leur mère, pour les filles, de certaines des qualités de leur père. Mais influencés par les médias, nous nous mettons également à compléter cette image à partir de traits empruntés à des personnages de films, de feuilletons télévisés, de magazines et de livres. Nous empruntons aussi certains caractères à des membres de notre famille, à des voisins, à des professeurs et à des amis. Pour la plupart d'entre nous, ce processus continue pendant toute notre vie; il prépare la scène où se jouera l'universel mystère de l'amour.

Malheureusement, pour beaucoup d'entre nous, cette image est trop idéalisée et exagérément romantique: elle ne ressemble guère à la personne prête à l'union avec nous. «La lune de miel est finie», telle est la phrase bien connue qui marque dans toute union la différence entre la personne idéale qu'est, nous l'espérons, notre partenaire, et la personne réelle que nous découvrons peu de temps après. La théorie du contrôle peut nous apprendre à bien examiner l'image que nous nous sommes faite dans notre tête du partenaire idéal, puis à tenter de déterminer si celle-ci ressemble suffisamment et réellement à la personne disponible.

La plupart d'entre nous en sommes bien conscients, l'image du partenaire que contient notre monde de qualité n'est pas réaliste. Et beaucoup parmi nous sont capables de reconnaître que la personne dont ils tombent amoureux ne ressemble guère à cette image. Pourtant, trop d'entre nous imaginent, à tort, que grâce à leur amour, le partenaire envisagé va changer dans le sens de cette image de lui qu'ils ont placée dans leur monde de qualité. Aucune autre expérience humaine ne cause autant de souffrance que la désillusion qui en résulte.

Même si les conjoints changent réellement, dans la plupart des cas c'est dans un sens très différent de celui de nos désirs. Lorsque nous tentons de contrôler notre partenaire pour l'amener à se rapprocher de ce que nous voulons, nous ne tenons généralement pas compte de l'intensité de ses besoins et des images de son monde de qualité à lui. Nous avons tendance à nous laisser aveugler par ce que nous voulons et nous continuons à essayer de le forcer à changer. La façon la plus courante d'essayer de contrôler notre partenaire consiste à le priver de notre amour et de notre attention. Si nous le faisons, celui-ci trouve la relation moins satisfaisante et il nous prive de son amour à son tour. Au lieu de se rapprocher, les deux conjoints s'éloignent de plus en plus l'un de l'autre.

Dans bien des cas, la relation se stabilise à une certaine distance de ce que l'un des deux ou même les deux souhaitent, habituellement plus loin que ce qu'ils avaient avant que chacun tente de refaire l'autre: l'un des deux ou même les deux finissent par reconnaître que les choses ne font qu'empirer et ils en viennent à renoncer. Cette union stabilisée, moins heureuse ou même carrément malheureuse devient leur façon de vivre. Mais dans bien des cas, la relation ne se stabilise pas et se termine plutôt par un divorce ou par une séparation.

Certaines personnes tirent la leçon de leur divorce: elles apprennent à regarder de plus près leur monde de qualité et celui d'un nouveau partenaire avant de se remarier; pour cette raison, leur deuxième ou troisième mariage réussit mieux. Mais beaucoup ne retiennent rien de cet échec et persistent dans leurs illusions. C'est ainsi qu'il y a beaucoup de cas de femmes (car ce sont généralement des femmes) qui épousent successivement plusieurs alcooliques.

Pour éviter cette situation trop courante et fort malheureuse, il faut en savoir bien plus sur le monde de qualité et s'en bâtir un fondé sur la connaissance de soi-même et sur la réalité. Si l'on parvient à accomplir cela d'entrée de jeu, on a de bonnes chances de connaître un premier mariage réussi; si on le fait plus tard, la relation déjà amorcée deviendra satisfaisante. Mais si on ne parvient pas à le faire, les chances de vivre un bon mariage sont faibles ou nulles.

La première chose à savoir de votre monde de qualité, c'est qu'il est à vous. C'est vous qui décidez de ce que vous y placez et de ce que vous en retirez. Et personne ne peut vous forcer à aimer un tel ou une telle. Pour satisfaire mes propres désirs égoïstes, je peux sans doute deviner toutes les choses que vous aimeriez entendre et vous les dire, mais je ne pourrai jamais vous forcer à me croire. Je peux même savoir que vous désirez de toutes vos forces me croire et exploiter cette situation, mais ce sera toujours vous seul qui déciderez de me placer dans votre monde de qualité en tant que partenaire éventuel.

Mais si vous ne savez rien de votre monde de qualité, vous n'aurez aucun moyen de savoir que, peu importe ce que je pourrais bien vous dire, c'est toujours vous qui prendrez la décision de m'inclure dans votre monde de qualité. À la fin, c'est encore vous et pas moi qui m'aurez fait être la personne qui vous semble la matérialisation de tous vos désirs. Une fois que vous m'aurez mis dans votre monde de qualité, même s'il s'agit d'une image de moi fort peu réaliste, vous aurez beaucoup de mal à rejeter cette image plus tard. Vous vous êtes en effet convaincu vous-même que je suis celui qui peut le mieux satisfaire vos besoins. Bref, vous m'aimez.

Si vous envisagez de me retirer de votre monde de qualité, vous craindrez de devoir vous contenter d'une satisfaction moindre que celle que vous désirez. Alors, tandis que je continue encore et encore à vous dire les choses que vous voulez entendre, vous ne faites aucun effort pour créer une image de moi plus réaliste. En fait, pendant longtemps, habituellement des années, même si je me montre difficile à vivre et très différent de ce que vous imaginiez, je représente tout ce que vous décidez d'avoir. Si vous me sortez de votre monde de qualité, vous n'aurez plus personne, vous ne ressentirez qu'un grand vide. Ce vide est si effrayant que vous préférez vous accrocher à moi, même si nous sommes malheureux tous les deux. Vous ignorez que vous pouvez changer vos désirs pour une image un peu plus réaliste. Et même si vous le saviez, vous avez investi en moi tant de temps et d'énergie que vous croyez ne plus avoir la force de repasser à travers tout ce processus difficile.

Alors, comme des millions d'autres, vous vous résignez au malheur, un malheur que vous auriez pu éviter si dès le début vous en aviez su plus sur le monde de qualité. Mais, un malheur que vous pouvez encore éviter en vous servant de cette nouvelle connaissance pour repartir à zéro. Nous devons tous comprendre ce processus psychologique: c'est le cœur de notre vie.

Nous devons apprendre la prudence quant aux personnes que nous plaçons dans notre monde de qualité. Et si nous faisons une erreur à ce propos, nous devons apprendre à changer ce qui se trouve dans ce monde de qualité pour obtenir ce que nous désirons. Nous devons aussi apprendre à évaluer le monde de qualité de la personne avec laquelle nous avons pour le moment tant de mal à communiquer et voir s'il nous est vraiment possible d'aimer une personne qui a un tel monde de qualité. Et si nous décidons finalement d'abandonner cette personne, nous devrons nous servir de ce que nous aurons appris pour évaluer le monde de qualité de quelqu'un d'autre et considérer si nous pouvons lui trouver une place appropriée dans le nôtre. Nous ne pouvons pas espérer que cette personne change son monde de qualité; il nous faut plutôt trouver quelqu'un dont le monde de qualité nous permette de vivre et de progresser.

Apprendre à créer et à changer nos images

Même si vous ignorez tout de la théorie du contrôle, si vous êtes engagé dans une relation durable et heureuse, l'image de vous-même que vous avez placée dans votre monde de qualité est incontestablement juste. L'image de votre partenaire est aussi juste. Enfin, l'image de votre couple, basée sur des images compatibles avec la façon dont vous voulez vivre, est conforme à la réalité elle aussi. Mais si vous êtes parmi les millions d'individus qui sont malheureux dans leur couple, alors l'une ou l'autre de ces trois images manque de réalisme, et vous devrez la modifier si vous voulez courir la chance de mener une vie de couple heureuse.

Il n'existe pas de raccourci ni de chemin facile pour créer dans votre monde de qualité une image réaliste de vous-même. Comme cette image représente la façon dont vous voulez que les choses se passent, elle a tendance à être un peu idéalisée. Et c'est bon, du moins jusqu'à un certain point; car cela vous donne l'élan nécessaire pour changer votre vie, pour rêver, pour créer et pour constamment vous améliorer. Mais si elle est trop éloignée de la réalité, elle vous donne des attentes irréalistes que vous ne pourrez satisfaire. Et en tentant malgré tout de les combler, vous pourriez fort bien gâcher vos chances de bonheur.

La meilleure façon pour moi de vous apprendre à créer, dans votre monde de qualité, une image réaliste de vous-même consiste à poursuivre ce que j'ai amorcé dans le chapitre précédent et à vous expliquer de quelle façon je crois avoir créé le monde de qualité dans lequel je vis présentement. Après la mort de ma femme et après une période de deuil raisonnable, j'ai décidé de ne plus vivre seul; j'étais donc confronté au problème difficile d'essayer de vivre une nouvelle relation à long terme.

À soixante-huit ans, j'avais une longue histoire derrière moi, pas mal d'expérience, et je savais beaucoup de choses sur la façon dont fonctionnent les êtres humains. Et pourtant, je n'étais pas préparé à la difficulté de trouver une nouvelle compagne. Je me suis attardé à l'image que j'avais de moi-même dans mon monde de qualité. Et ayant cette image, je me demandai ce que je pouvais alors apporter à une nouvelle relation. Puis j'ai dû déterminer quel genre de femme je devrais inscrire dans mon monde de qualité pour qu'elle soit compatible avec moi et avec l'image que je me faisais alors d'une nouvelle partenaire à long terme. Pendant tout ce temps, j'étais bien conscient d'être poussé vers cette nouvelle relation par la solitude dont je souffrais; il me fallait donc faire particulièrement attention de ne pas m'idéaliser, c'est-à-dire de ne pas surestimer ma capacité d'apporter de l'amour à cette femme ni d'idéaliser la personne avec qui je tenterais de m'engager, pas plus que la relation que nous tenterions de créer.

La façon la plus simple de définir les images qui illustrent ce que je suis, qui je veux et ce que serait pour moi une relation satisfaisante avec cette personne consiste à développer plus à fond l'analyse précédente de ma personnalité, comme je l'ai expliqué précédemment. Je me suis décrit avec une personnalité cotée 34455, dans la moyenne quant au besoin de survie, au-dessus de la moyenne pour ce qui est de l'amour et du besoin de pouvoir, et très au-dessus relativement à la liberté et au plaisir. Je vais maintenant tenter de décrire les images que j'ai créées dans mon monde de qualité, compatibles avec cette personnalité.

J'ai écrit tout ceci avant de devenir profondément attaché à Carleen et avant de voir sa description de son monde de qualité, que je joins ci-après. Comme vous le constaterez en lisant ce que nous avons écrit tous deux, nous sommes très compatibles et cette compatibilité s'est encore accrue. Quand je me suis efforcé de me mettre à la place d'une personne qui commence à se chercher un partenaire, je n'ai pas révisé cette description. Elle est restée telle que je l'avais écrite plus d'un an avant la publication de ce livre.

Le besoin de survie: 3: dans la moyenne

Même avec mon besoin de survie moyen, j'éprouve toujours un besoin de sexe hormonal; mais c'est un besoin qui ne me mène pas. Je veux une femme qui ait au moins un besoin hormonal aussi fort. Et si son besoin est encore plus fort, ma foi, tant mieux! Je pense que ce ne serait pas désagréable d'être un peu poussé sexuellement. Donc, je ne cherche pas quelqu'un qui éprouve moins d'intérêt que moi pour le sexe.

Je n'ai pas de problème sur le plan financier et je désirerais une femme qui soit elle aussi suffisamment à l'aise pour ne pas dépendre entièrement de moi. Je veux une femme avec qui partager mon argent, mais qui se satisfasse d'un mode de vie confortable sans être extravagant. Je vais continuer à travailler, mais j'ai presque un contrôle total sur ce que je fais. Je ne suis pas contre le fait qu'une femme travaille un peu, et encore moins si elle travaille avec moi, mais je ne veux pas d'une femme qui travaille tellement que nous ne puissions pas réaliser les choses que nous voulons ensemble, quand nous le voulons.

Je veux une femme en bonne santé qui ne s'en fait pas outre mesure avec la nourriture et pour laquelle les repas gastronomiques ne représentent pas une part importante de sa vie. Je suis un père et un grand-père engagé mais je ne dépends pas de mes enfants ou de mes petits-enfants pour avoir de la compagnie (camaraderie). Je ne veux pas d'une femme avec des enfants en bas âge ni même des enfants qui dépendent encore d'elle. Dans ma vie plutôt active, les enfants c'est du passé et je veux quelqu'un qui vit ou perçoit la même chose que moi. Enfin, comme je prends souvent l'avion et que je réside dans une région affectée par les tremblements de terre, je ne veux pas d'une femme si inquiète de sa survie que l'endroit où je vis et la façon dont je vis la mettent mal à l'aise.

Le besoin d'amour et d'appartenance: 4: au-dessus de la moyenne

Je n'ai pas tellement besoin des autres pour satisfaire mon besoin d'appartenance. Je n'aime pas les grands rassemblements, et je n'aime pas particulièrement rencontrer des étrangers ou engager la conversation avec eux, à moins que ça ne fasse partie de mon travail. Dans ce cas, j'adore ça. Si j'ai une personne très spéciale à aimer et qui m'aime, je ne me sens pas seul. Si quelqu'un peut répondre à mon appel, je peux rester seul sans inconfort.

Ce dont j'ai le plus besoin, c'est d'une femme avec qui je puisse partager mon monde de qualité sans craindre d'être critiqué ou humilié. Pour moi, la capacité de partager nos mondes de qualité respectifs forme l'essence même de l'amitié et de l'amour, et j'ai absolument besoin de trouver cette capacité chez toute femme avec qui je développe une relation. Comme je désire une relation sexuelle amoureuse et que le sexe, chez moi, dépend de l'attirance physique, je désire une femme séduisante, capable aussi de conserver sa ligne.

Avec quelqu'un que j'aime, je me montre très affectueux et j'aime que cet amour et cette affection me soient rendus spontanément et avec plaisir. L'une des choses les plus désagréables dans le célibat, c'est le fait de dormir seul: je déteste cela. J'aime une personne capable de se réveiller la nuit pour parler et faire l'amour. J'aime être créatif, et je veux une partenaire créative, quelqu'un qui n'ait pas d'inhibitions et trouve tout à fait acceptable tout ce que l'autre a envie de faire en matière de sexe. Quelqu'un qui ne pense pas que le sexe représente une récompense à accorder si l'on se conduit bien et à refuser en guise de punition.

Fondamentalement, je veux une amie, quelqu'un dont j'aime tout simplement la compagnie. Les gens disent de moi que je suis une personne avec qui il est agréable de ne rien faire. Je pense qu'il est possible de trouver la même chose chez une femme. J'aime faire des choses dans l'inspiration du moment, et je veux quelqu'un qui s'engage, pas quelqu'un qui s'arrête pour penser à toutes les raisons de ne pas le faire.

Le besoin de pouvoir: 4: au-dessus de la moyenne

Je veux que les gens m'écoutent, et je suis prêt pour ma part à en faire autant. Je n'aime pas qu'on me dise quoi faire, et je n'aime pas non plus le dire aux autres. Je suis modérément compétitif, mais je ne veux en aucune façon entrer en compétition avec quelqu'un de proche. Mon travail suffit largement à assouvir mon besoin de pouvoir; je n'ai guère besoin de le satisfaire dans ma vie privée. Je ne punis ni ne critique ni n'humilie les gens, et je n'aime pas qu'on tente d'agir ainsi à mon égard. En termes de pouvoir, je ne fais aucune différence entre les sexes. J'aime les femmes et je les engage volontiers dans mon organisation où tous les emplois qui exigent du leadership leur sont largement ouverts.

Je n'aime pas les pièges du pouvoir, tels que les voitures, les vêtements et les bijoux de luxe. Je n'aime pas non plus dépenser pour épater la galerie. Mais je veux en revanche une femme bien habillée, qui aime bien paraître et être toujours dans le ton. Si elle s'intéresse à ce que je porte ou se soucie de mon apparence, tant mieux, mais elle doit aussi être capable de reconnaître que pour moi, cela n'a pas une importance capitale.

Je ne suis pas obsédé par l'ascension sociale, et je n'éprouverais pas d'intérêt pour une femme qui le serait. Je ne me soucie guère de fréquenter les gens qu'il «faut» connaître (je ne sais d'ailleurs même pas qui ils sont). Je sais défendre mes droits, mais je ne m'impose pas, et je n'aime pas les gens qui s'imposent. En relisant tout ceci, je me dis que je ne devrais pas avoir de problème à trouver une femme qui m'accepte comme je suis, en ce qui a trait à mon besoin de pouvoir.

Le besoin de liberté: 5: très au-dessus de la moyenne

Sur ce plan, je suis pratiquement un fanatique. Je n'aime pas qu'on me dise que je ne peux pas faire ce que j'ai envie de faire. J'écoute l'opinion des autres, je l'accepte même, mais quand j'ai envie de faire quelque chose qui ne dérange personne, je n'aime pas qu'on me dise de ne pas le faire. Comme je reconnais volontiers que je suis ainsi fait, je n'ai pas l'intention de me remarier. Mais je suis ouvert à la possibilité de changer d'avis si je rencontre une femme qui désire le mariage. Mais je n'épouserai certainement pas une femme qui d'entrée de jeu exige le mariage.

Toute femme qui désire vivre avec moi devra accepter le fait que je ne puisse lui promettre l'exclusivité. Mais si je l'aime, il y a de fortes chances que je lui donne spontanément cette exclusivité. Mon grand besoin de liberté me pousse à être ainsi. Je crois qu'on peut être amoureux de plus d'une femme, mais je ne suis pas sûr qu'une sexualité amoureuse puisse être vécue avec plusieurs femmes. C'est d'ailleurs une des choses que j'aimerais vérifier quand il sera question de vivre une nouvelle relation sexuelle amoureuse.

Je sais en tout cas que plus la femme aimée sera dans mon monde de qualité, moins j'éprouverai le désir d'en voir une autre. Mais je ne pourrai pas l'enraciner dans mon monde de qualité si elle a des exigences qui contraignent ma liberté. Il faut donc, pour qu'une femme gagne mon amour exclusif (si du moins c'est ce qu'elle désire), qu'elle me donne ma liberté. Je pense pouvoir trouver une femme que j'aime suffisamment pour qu'elle accepte de respecter ma liberté. J'ai bien l'intention de la trouver.

La liberté est très liée à la créativité, et pouvoir me montrer créatif représente sans doute ma toute première priorité. Je pense que la créativité est ce qui maintient la fraîcheur et la passion d'une relation. Par ailleurs, le goût de créer, que l'on trouve en chacun de nous, se manifeste surtout en nous quand nous nous sentons libres. Comme nous sommes tous de véritables systèmes de contrôle et que tous les systèmes de contrôle veulent bien entendu avoir... le contrôle, nous devons faire attention à ne pas tenter de dominer les autres, mais plutôt à trouver des moyens de maîtriser notre propre vie de façon créative.

Le besoin de plaisir: 5: très au-dessus de la moyenne

Si le plaisir est, comme je le crois, la récompense de l'apprentissage, et si l'indice le plus sûr du plaisir est le rire, alors je veux continuer à vivre ma vie en apprenant et en riant. L'une des raisons du succès de mon mariage a été que nous n'avons jamais cessé jusqu'à la fin de découvrir, de travailler et de rire ensemble. Je ne suis pas prêt à renoncer à tout ça. Il faut donc que la femme choisie apprécie ce que je fais et veuille le partager. Cela ne veut pas dire que je cherche une approbation sans réserve; mais je veux quelqu'un qui pense et travaille dans le même domaine que moi, quelqu'un qui veuille se joindre à moi et faire son possible pour prolonger et clarifier mon travail.

Je serais tout à fait heureux de l'aider à faire son propre travail, mais, à ce stade de ma vie, je cherche surtout quelqu'un qui s'intéresse avant tout à ce que je fais, moi. Une telle exigence complique la tâche de trouver quelqu'un de complètement neuf; aussi ai-je abandonné l'idée d'essayer de nouer une relation avec quelqu'un qui ne serait pas au courant de ce que je fais. Bien sûr, cela limite mon choix, mais je suis trop vieux, il y a trop longtemps que je roule ma bosse sur la voie de la théorie du contrôle, de la thérapie de la réalité et de la direction de la qualité, j'ai une trop longue histoire derrière moi, et il me reste trop peu de temps pour recommencer à neuf.

En ce qui concerne le rire et les blagues, ils sont pour moi d'une importance capitale. Si je ne ris pas beaucoup, je perds mon intérêt; je ne puis concevoir une relation qui en soit dépourvue. Je pense pouvoir trouver une femme capable de rire en travaillant ensemble et en échangeant nos idées, et qui perçoit le plaisir autant que la liberté intensément reliés à la créativité.

Ainsi donc, voici quelles sont les images de mon monde de qualité, les images de moi-même, de ma partenaire éventuelle et de notre relation. Il n'y a rien en elles de juste ou de faux: c'est simplement la façon dont je me vois. Mon monde de qualité est ma création pleine et entière; c'est ce qui va déterminer le cours de ma vie. Si je ne puis en réaliser une partie quelconque, j'en souffrirai et cette souffrance me conduira peut-être à essayer de changer ce monde de qualité.

Si vous aussi vous êtes à la recherche d'une relation sexuelle amoureuse ou si vous essayez d'améliorer celle que vous vivez déjà, je vous suggérerais de faire par écrit une description de votre monde de qualité et d'être prêt à la partager avec la personne que vous pensez aimer. Si elle choisit de faire de même, tous deux vous saurez ce qui en est, sans avoir à le deviner ou à le constater par des détours. Si vos mondes de qualité respectifs ne sont pas compatibles, n'espérez pas qu'ils vont évoluer beaucoup.

Attendez-vous plutôt à ne rien pouvoir faire à ce sujet, mais au moins vous aurez une bonne idée de ce qui vous reste à faire.

J'ai travaillé pas mal, et j'ai mûrement réfléchi à ce que je viens d'écrire ici, mais cela n'a pas été difficile. De fait, ça a été même agréable. Je ne l'ai pas fait pour vous révéler qui je suis, mais pour vous donner un exemple vivant de ce qu'est un monde de qualité. Je me propose maintenant de partager avec vous le monde de qualité de Carleen Floyd, la femme avec qui j'ai fini par vivre une relation amoureuse. Elle est d'accord, parce qu'elle croit elle aussi qu'il est important d'essayer de savoir si nos profils d'intensité des besoins et nos mondes de qualité sont effectivement compatibles.

Le profil d'intensité des besoins et le monde de qualité de Carleen

À partir de ce que je sais de moi-même, voici la description des images qui, dans mon monde de qualité, correspondent à moi-même, à mon partenaire éventuel et à notre relation. La plupart de ces images se trouvent dans mon monde de qualité depuis de nombreuses années; certaines cependant sont nouvelles. Pour d'autres enfin, je peux fort bien avoir à les en retirer à mesure que j'évolue et que je remets en question la satisfaction qu'elles m'apportent en regard de mes besoins. Mais pour le moment, ce que j'ai écrit là constitue une description exacte.

J'ai une personnalité dont le profil d'intensité des besoins peut se coder 35344. Je suis dans la moyenne en ce qui concerne le besoin de survie, très au-dessus pour ce qui a trait à l'amour et à l'appartenance, dans la moyenne quant au besoin de pouvoir et au-dessus de la moyenne en ce qui concerne la liberté et le plaisir.

Le besoin de survie: 3: dans la moyenne

Comme le besoin de survie est en relation avec l'instinct de reproduction, et que la sexualité fait partie du processus, je crois que mon instinct sexuel se situe entre normal et élevé. En gros, je me perçois comme une femme sensuelle et excitante, qui aime faire l'amour, et plus particulièrement s'il est question de partager aussi beaucoup d'affection. Je suis plutôt dépourvue d'inhibitions, et je sais me montrer expressive et créative dans les jeux sexuels; j'attends la même chose de mon partenaire. Bien que l'orgasme soit très important pour moi, je considère que ce n'est qu'une petite partie de l'expérience sexuelle globale. Je préfère aussi que mon partenaire soit légèrement moins poussé par son instinct sexuel que je ne le suis moi-même. Ainsi, je me sens plus en sécurité, dans la mesure où je contrôle davantage mon expérience.

L'argent est indispensable à la survie dans la société où nous vivons, et j'en ai suffisamment pour être relativement à l'aise. Je m'en fais rarement à ce sujet. Je ne le gaspille pas, et j'en ai toujours de disponible, il me semble, quand j'en ai besoin. Il est important pour moi d'être indépendante sur le plan financier. En plus de mon travail à temps plein, j'ai une petite entreprise et quelques investissements qui me permettront d'augmenter mes revenus de retraite et de m'assurer plus de sécurité. Je veux un homme qui ait lui aussi une certaine sécurité financière, qui ne se pose pas de problèmes quant à ses revenus et qui soit prêt à en dépenser une partie pour le plaisir, de préférence avec moi.

Je suis en excellente santé et ne m'inquiète pas outre mesure de tomber malade. Je ne suis pas une fanatique de l'exercice, et ne me soucie guère de mes sources d'énergie. Je n'ai pas d'excès de poids, et je ne mange que lorsque j'ai faim. Je ne fume pas, je ne consomme pas trop d'alcool et j'évite totalement la caféine.

Je ne suis pas d'un naturel inquiet et le changement ne me préoccupe pas trop. J'aime plutôt découvrir de nouveaux horizons et vivre des expériences qui sortent de l'ordinaire. Je suis spontanée et prête à décoller sans trop d'avertissement. J'aime prendre des risques jusqu'à un certain point. Je suis intéressée par un homme qui se garde en forme et prend soin de sa santé. Autant que possible, je veux que sa personnalité s'accorde à la mienne pour ce qui est du besoin de survie. Je souhaite en particulier qu'il soit lui aussi prêt à prendre des risques. Comme rien de ce qui précède n'est exagéré, je ne devrais avoir aucune difficulté à me trouver un homme dont le besoin de survie s'accorde au mien.

Le besoin d'amour et d'appartenance: 5: très au-dessus de la moyenne

Je viens d'une famille pleine d'affection où ne m'ont manqué ni l'amour ni les encouragements. J'aime encore qu'on me serre dans ses bras et qu'on m'embrasse. J'ai donc besoin de beaucoup d'affection de la part de l'homme qui partage ma vie. J'aime qu'il me dise souvent qu'il m'aime et qu'il me parle aussi de tout ce qu'il aime en moi. Je pense que l'amour est une activité à plein temps, vingt-quatre heures sur vingt-quatre. Tout au long de la journée, on l'exprime par des petites caresses, des regards amoureux et attentifs; par des petites gentillesses, des conversations intimes et toutes sortes de petites attentions. Je veux un homme qui soit attentif à mon endroit quand il est avec moi. J'aime que cette présence se manifeste simplement par du temps passé ensemble avec plaisir, à ne rien faire de particulier, du temps rien que pour nous, loin des soucis et des engagements de la vie.

J'aime être avec des gens dans à peu près n'importe quelle situation sauf dans des grandes fêtes ou de très grandes foules, à moins d'y retrouver le public venu m'entendre. Je préfère avoir avec les gens des relations individuelles ou de couple. Dans mon travail, j'ai affaire à des personnes, pas à des choses. Quand je me retrouve seule trop longtemps dans mon bureau avec de la paperasse à traiter, sans contact humain, je recherche ce contact. Ce n'est pas que cela m'ennuie d'être seule ou que j'en aie peur, j'aime même être seule un petit peu chaque jour, mais je ne me considère pas comme une personne attirée par la solitude. J'apprécie vraiment la compagnie d'un bon ami ou d'un amoureux.

J'ai quelques amies très précieuses. Je les appelle mes âmes-sœurs parce que nous sommes semblables d'esprit. Ma belle-fille, qui a vingt-cinq ans, fait partie de ces âmes-sœurs avec lesquelles je peux parler pendant des heures. Nous ne nous lassons jamais les unes des autres. Je cherche l'équivalent chez un homme, quelqu'un qui me comprenne, m'aime comme je suis, et possède le même état d'esprit. Il est important que nous ayons la même philosophie de la vie.

Comme mon besoin d'amour et d'appartenance représente mon plus haut score, je garde bien au chaud dans mon monde de qualité une superbe image de ce que serait une relation durable et satisfaisante, une relation où je serais aimée dans tout mon être, où je serais entièrement comblée. Je suis capable de rendre cet amour, librement, sans aucune inhibition et sans craindre que mon amour soit rejeté si son intensité devient trop grande. Je serais sûre que c'est bien la relation qu'il me faut si, lorsque nous sommes ensemble, je suis plus heureuse que lorsque nous sommes séparés. Il sait se mettre à ma place et je sais me mettre dans la sienne, nous sommes compatibles sur ce point-là!

J'exige aussi d'un homme une intimité complète. Je ne me contenterai de rien de moins. Je ne cherche pas à me remarier, mais je ne suis pas non plus opposée à cette idée. Quel que soit notre relation finale, j'ai besoin d'un homme prêt à explorer toutes les possibilités qu'offre une profonde relation intime: la créativité, l'honnêteté, et le sens de l'humour nécessaire pour maintenir l'amour excitant, vivant et pour qu'il croisse encore. Il peut s'attendre au même engagement de ma part.

Le besoin de pouvoir: 3: dans la moyenne

La plus grande partie de mon pouvoir vient de la façon dont je me sens et non de la quantité de pouvoir dont j'ai besoin pour contrôler les autres. J'ai une image de moi-même plutôt positive. Je me considère comme une femme séduisante, avec les grands yeux sombres et le teint olivâtre typiquement méditerranéens.

D'aussi loin que je me souvienne, j'ai toujours attiré l'attention par mon apparence plutôt frappante. J'ai parfaitement conscience de m'habiller pour qu'on me remarque et de me maquiller de façon plutôt théâtrale. Même si j'ai plus de cinquante ans, j'ai l'air dynamique et énergique et je me conduis ainsi. Je suis artiste, et j'aime consacrer mon talent à me donner la meilleure apparence possible. J'ai du succès parce que je suis bonne dans mon domaine et que je projette une belle image de moi-même, et aussi une image de compétence.

Je n'ai pratiquement aucun désir de contrôler quiconque. Je ne m'amuse pas non plus à rabaisser les autres pour me sentir mieux dans ma peau. J'entre rarement en compétition pour quoi que ce soit et avec qui que ce soit. Même quand je joue à un jeu qui implique la compétition, je joue pour le plaisir et si je perds, ce qui m'arrive souvent, je gagne quand même en réalité, parce que j'apprécie cette activité et la compagnie qu'elle procure.

Je déteste qu'on se moque sérieusement de moi ou qu'on fasse de l'esprit à mes dépens, et je déteste particulièrement toutes les formes d'humour qui rabaissent l'autre. Qu'un amoureux me tienne pour acquise ou m'ignore est encore pire pour moi. Je veux un homme qui se montre fier de mes réalisations et de mes talents, qui ne se sente pas menacé par eux, et qui comprenne mon manque d'esprit de compétition sans en profiter pour se donner plus de pouvoir. Je ne veux en aucun cas être prise dans une lutte de pouvoir avec mon compagnon.

Certaines choses sont particulièrement importantes pour moi; elles sont liées à l'image que j'ai de moi-même et de mon pouvoir, et quand je les lui révèle, je veux qu'il les respecte. Les expériences esthétiques de toutes sortes sont particulièrement importantes pour moi. Je m'intéresse aussi à la mode, et j'aime avoir l'air belle dans mes vêtements, non pas comme symbole de pouvoir, mais pour le plaisir esthétique qu'ils me procurent.

J'ai un grand besoin de pouvoir intérieur, mais mon besoin de pouvoir extérieur est faible. En combinant les deux, je pense que je me situe dans la moyenne en ce qui concerne l'intensité de ce besoin.

Le besoin de liberté: 4: au-dessus de la moyenne

Je pense que nous sommes tous libres. Le seul moment où nous éprouvons un manque de liberté, c'est quand nous laissons quelqu'un d'autre nous contrôler. À l'heure actuelle, mon besoin de liberté est plutôt fort. Dans ma vie, j'ai connu, au cours des années, divers degrés de liberté, proportionnels au niveau de contrôle que je percevais les autres exercer sur moi. Parfois, dans le passé, pour avoir plus de liberté, je me suis sentie obligée de me cacher et de mener une vie secrète. Mais maintenant, je vis en plein jour, et la liberté que je m'accorde n'a d'égale que celle que je reconnais aux autres.

Dans mes relations avec un homme, je n'éprouve aucun désir de restreindre sa liberté. Et d'ailleurs quelle entreprise insensée ce serait, car cela est tout simplement impossible! Par exemple, je n'exige pas l'exclusivité, car je vois la futilité d'exiger quelque chose sur lequel je n'exerce aucun contrôle. De toute façon, il fera ce qui lui convient le mieux, quelles que soient mes attentes et avec d'autant plus d'acharnement que je serai exigeante. C'est pourquoi je n'attends rien d'autre que de l'honnêteté. S'il trouve quelqu'un qu'il me préfère, tant pis. S'il a l'honnêteté de me révéler cette préférence, qu'il s'en aille librement. Je serai pour ma part libre de regarder ailleurs.

Quand j'aime vraiment un homme, je n'ai aucun désir d'être avec un autre homme, mais ça ne m'empêche pas de me sentir libre, parce que c'est mon choix d'être fidèle. Mais je ne l'exige pas de moi et je n'admettrais pas que quelqu'un d'autre l'exige de moi; c'est comme cela que ça se passe, et c'est tout. Si je suis capable de combler tous mes besoins avec un seul homme, pourquoi regarder ailleurs? Pour le plaisir de la conquête? Mais la conquête ne me donnerait pas plus de liberté, elle me donnerait seulement plus de pouvoir.

Je me sens terriblement libre parce que j'ai l'esprit ouvert et que je suis honnête vis-à-vis de moi-même, et aussi parce que je m'accepte telle que je suis. J'attends la même chose de mon partenaire. Je sais bien que chaque fois que je me campe sur mes positions et que je refuse d'en démordre, c'est moi qui m'enferme alors que tous les autres font joyeusement ce qu'ils veulent même si j'en souffre énormément. J'ai abandonné sans regret cette façon de penser il y a longtemps. J'apprends à laisser aller les choses si je n'ai aucun contrôle sur elles. Personne d'autre que moi ne peut restreindre ma liberté d'esprit ni les choix que je fais. Enchaînez-moi les chevilles, et je trouverai encore un moyen d'être libre!

Le besoin de plaisir: 4: au-dessus de la moyenne

J'ai besoin d'un homme qui ait le sens de l'humour et qui soit capable de dire des choses drôles aux moments les plus inattendus. J'aime la spontanéité, l'imprévisible, comme une lettre inattendue, des vacances d'hiver au soleil, faire l'amour au milieu de la nuit, les olives grecques, le manège de la jetée de Santa Monica... et un homme qui m'est particulièrement cher, pour partager tout cela. J'aime faire la course aux aubaines et avoir la joie délicieuse de trouver l'occasion suprême.

Je ris bien plus que je ne grogne, et je veux un homme qui en fasse autant. Certains trouvent que je suis une incurable optimiste parce que j'essaie d'avoir toujours un point de vue positif et l'air joyeux la plupart du temps. J'adore apprendre de nouvelles choses, en particulier si je m'y révèle bonne. J'aime le théâtre, le cinéma, les musées, les voyages et tout projet créateur, en particulier s'il est question d'art et de design. Même mon travail est pour moi, la plupart du temps, un plaisir.

J'aime un homme agréable à vivre même quand nous ne faisons rien de spécial ensemble; quelqu'un qui aime m'écouter et qui me parle de tout et de rien; quelqu'un avec qui je peux rire et faire la folle. À ce stade de ma vie, je suis prête à prendre ma retraite de mon travail à temps plein, mais je souhaite continuer de faire occasionnellement les choses que j'aime et à prendre du bon temps avec l'homme qui m'aime dans la joie, et qui veut dans la vie les mêmes choses que moi.

Une comparaison de nos deux profils et de nos mondes de qualité respectifs

Comme nous sommes ensemble depuis plus d'un an et que nous sommes plus heureux que jamais l'un avec l'autre, nous croyons que la compatibilité de nos profils (34455 pour moi, 35344 pour elle) y est sûrement pour quelque chose. Pourtant, nos mondes de qualité présentent une incompatibilité potentielle quant au pouvoir et à la liberté. Mon besoin de pouvoir est plus grand, mais, comme Carleen l'explique fort bien, elle n'a aucun désir de changer les autres; il ne devrait donc y avoir aucun problème sur ce plan. Nous avons tous deux un grand besoin de liberté, mais aucun des deux n'a le moindre désir de restreindre celle de l'autre, donc, là non plus il ne devrait pas y avoir de problème. Manifestement, notre besoin de plaisir est très compatible et apparaît de plus en plus comme l'un des points les plus forts de notre relation.

Bien que Carleen et moi ne soyons nullement gênés de révéler ce que nous sommes en public, une partie de cette disponibilité vient de la bonne relation que nous entretenons et de notre volonté d'enseigner aux autres ce que nous avons appris. Ne vous sentez surtout pas obligé de révéler toute votre vie au grand jour. Dans la plupart des cas, le sexe amoureux devrait rester une sorte de contrat privé que seules connaissent les parties impliquées. Il est préférable de se montrer franc l'un avec l'autre, tant que la franchise ne sert pas à faire du mal, comme quand on révèle une aventure simplement pour le plaisir de faire en sorte que la personne trompée se sente inférieure ou pour demander pardon ou les deux. Il n'est pas juste de demander à votre partenaire de partager votre plaisir ou votre peine si cela lui fait mal.

Si vous vivez une relation de couple, qu'elle soit satisfaisante ou non, ce que Carleen et moi venons de faire ici représente un excellent exercice à effectuer en privé avec votre partenaire. Si ce dernier est prêt à s'y livrer avec vous, cela peut représenter le début d'une amélioration de votre relation. Vous pouvez le faire d'abord chacun de votre côté, comme je l'ai fait ici. Plus tard, j'ai partagé les résultats avec Carleen, et elle a accepté d'en faire autant. Si vous pensez que votre partenaire risque d'hésiter, je suggère que vous agissiez comme moi et qu'ensuite vous lui demandiez s'il est prêt à en faire autant.

Si votre partenaire ne veut pas ou, si pour quelque raison personnelle, vous ne voulez pas lui demander de s'y livrer avec vous, vous pouvez toujours le faire seul et travailler ensuite à changer ce que vous pouvez afin d'améliorer votre relation.

Chapitre 7

Choisir son comportement

Même si la plupart d'entre nous n'y pensent pas, tout ce que nous faisons, de la naissance à la mort, est affaire de comportement. Et, dans son ensemble, notre comportement représente toujours la meilleure tentative que nous puissions faire pour nous rapprocher des images de ce que nous désirons le plus dans la vie. Ces images, nous avons commencé par les former dans notre monde de qualité. Comme ce livre se propose de montrer ce qu'il faut faire pour trouver une sexualité amoureuse gratifiante, presque toutes les images qui se rapportent à l'amour, au sexe et à une relation durable doivent être agréables à la fois pour nous et pour nos partenaires sexuels. Même si pendant toute notre vie nous devons faire des efforts pour vivre avec les autres et créer dans notre monde de qualité des images qui nous aident à y parvenir, jamais cet effort n'est aussi intense, jamais aussi concentré que lorsqu'il s'agit de l'être aimé.

Manifestement, être capable de créer suffisamment de ces images satisfaisantes pour l'un comme pour l'autre afin de maintenir une bonne relation, puis trouver les comportements correspondant à ces images représente une tâche extrêmement difficile. Peu de partenaires sexuels réussissent à l'accomplir ne serait-ce que pendant quelques années, et encore moins pendant une vie entière. Cela nous aiderait si nous pouvions en savoir beaucoup plus sur la façon dont nous nous comportons véritablement. Pour y parvenir, je vais maintenant expliquer ce qu'est le comportement global, une explication fournie par la théorie du contrôle à propos de l'ensemble du comportement humain, explication bien différente de ce que savent la plupart d'entre nous, et plus utile aussi. Quand je dis l'ensemble du comportement, je parle de tout comportement conscient orienté vers un but. Je ne parle pas de cette infime partie de notre comportement qui répond à des automatismes, comme par exemple la toux ou l'éternuement, ni de celle qui est inconsciente comme les rêves.

La raison de notre comportement

Notre comportement provient, dans sa globalité, de la différence entre ce que nous désirons, à un moment précis, ce qui représente une ou plusieurs images de notre monde de qualité, et ce que nous avons effectivement, c'est-à-dire ce qui se passe dans le monde réel. Par exemple, il y a de fortes chances que vous lisiez ce livre parce qu'il y a dans votre monde de qualité une image d'une relation amoureuse plus satisfaisante que celle que vous vivez à l'heure actuelle. Poussé par cette différence entre ce que vous désirez et ce que vous avez, vous espérez que ce livre sera une source d'information utile qui vous aidera à vous rapprocher de la relation désirée. En lisant ce livre et en y réfléchissant, vous agissez sur le monde réel pour essayer de rapprocher ce que vous avez dans ce monde de ce que vous voulez.

Bien que vous lisiez présentement ce livre dans l'espoir d'y trouver ce qu'il faut pour améliorer votre relation amoureuse, ce n'est pas la seule chose que vous auriez pu faire. Vous auriez pu choisir de vous saouler, un choix fort répandu chez les gens qui cherchent un soulagement rapide de la douleur causée par une mauvaise relation de couple. Vous auriez pu choisir d'essayer de vous trouver quelqu'un d'autre et d'avoir une aventure ou même aller jusqu'à quitter votre partenaire. Vous auriez pu choisir de discuter, de vous battre, ou d'abandonner: ce sont des choix fort courants. Bien que n'ayant pas conscience qu'il s'agit là d'un choix, vous auriez pu choisir la douleur physique, comme des maux de tête chroniques. Bref, la liste n'a pas de fin. Je ne mentionne que ces quelques choix de comportements pour montrer que, pour la même situation insatisfaisante, on peut choisir beaucoup de comportements différents, la plupart douloureux, pour tenter d'améliorer les choses.

Ainsi, la théorie du contrôle enseigne-t-elle quelque chose dont la plupart d'entre vous êtes conscients jusqu'à un certain point: quand on est confronté dans sa vie à une situation insatisfaisante, on doit agir pour essayer de l'améliorer. On ne peut ignorer cette situation; il faut faire quelque chose. Dans certains cas, on peut ne pas être conscient de ce qu'on choisit de faire. Dans bien des cas, on n'a même pas conscience qu'il s'agit d'un choix. Pourtant, comme je vais l'expliquer, il s'agit bien toujours d'un choix.

Par exemple, beaucoup de femmes qui sont venues me voir dans ma pratique privée me disaient qu'elles étaient déprimées. Même si une mauvaise relation amoureuse, représente la cause la plus fréquente de dépression chez les femmes, quand je leur demandais comment allait leur vie de couple, elles me répondaient souvent que ça allait bien. En insistant encore sur ce point, parce que je refusais de croire que tout allait bien, je finissais par apprendre que c'était loin d'aller aussi bien qu'elles l'auraient voulu. Dans les termes de la théorie du contrôle, je dirais que leur vie de couple était bien moins satisfaisante que l'image de la vie de couple dans leur monde de qualité.

Plus tard, après avoir pris connaissance de mes explications sur la théorie du contrôle et sur le comportement global, elles ont reconnu qu'elles avaient choisi de déprimer (la façon dont la théorie du contrôle désigne la dépression, comme je l'expliquerai très bientôt). Familiarisées avec le concept de comportement global, elles ont découvert que, puisqu'elles avaient effectivement choisi de déprimer, elles pouvaient aussi faire un meilleur choix. Une fois cette possibilité ouverte, elles ont choisi d'arrêter de déprimer. Mon travail de conseiller consistait précisément à leur apprendre à faire un meilleur choix, et la plupart du temps je réussissais.

Tout comportement est global et tout comportement est un choix

Mon dictionnaire définit le comportement d'abord comme une «activité» et ensuite comme «une réponse à un stimulus». La première définition n'est pas tout à fait juste et la seconde est carrément fausse. Si tout ce que nous faisons consiste à avoir un comportement, il est évident que le comportement devient bien plus qu'une simple activité. En même temps que toute activité, ou comme je préfère dire tout «agir», nous pensons toujours pendant que nous nous comportons, nous sentons toujours et il y a toujours quelque processus physiologique qui fonctionne: ce sont là les quatre composantes qui constituent ce qu'on devrait appeler plus justement «le comportement global». Il ne s'agit pas d'une réponse à un stimulus, mais il s'agit de notre plus grand effort pour nous conformer aux images que nous avons placées dans notre monde de qualité.

Au chapitre un, quand j'ai parlé des besoins, j'ai mis l'accent sur nos sensations pour montrer que lorsque nous satisfaisons un ou plusieurs de nos besoins fondamentaux, les comportements qui nous ont conduits à cette satisfaction nous procurent toujours une sensation agréable. Vous comprenez maintenant pourquoi j'ai insisté sur la dimension sensation de tout comportement satisfaisant en matière de besoins. Par exemple, si vous étreignez et embrassez un être aimé, l'activité c'est cette étreinte et ce baiser. En vous y livrant, vous pensez que vous adorez faire cela et vos pensées peuvent même vous entraîner vers une activité encore plus satisfaisante. Et pendant tout ce temps-là, vous vous sentez très bien et vous pourrez même vous sentir encore mieux à mesure que ce comportement s'intensifiera. Pendant que tout ceci a lieu, vos pulsations cardiaques et le rythme de vos respirations peuvent s'accélérer et vous pouvez involontairement soupirer de plaisir: il s'agit là de la physiologie symptomatique de ce type de comportement global.

Si vous réfléchissez à l'étreinte et au baiser, et aussi à ma théorie selon laquelle nous choisissons tous nos comportements globaux, vous pourrez peut-être objecter que vous ne décidez pas délibérément de soupirer ni d'accélérer votre rythme cardiaque ou votre respiration ni même encore de ressentir ce que vous ressentez. Ces choses se passent, tout simplement, tandis que vous étreignez et embrassez votre partenaire. Vous avez raison. La seule chose que vous choisissez vraiment, c'est l'étreinte et le baiser, autrement dit l'agir, et aussi, le penser, penser que c'est fort agréable. Mais pourriez-vous vivre cette accélération de vos pulsations cardiaques et ce plaisir intense si vous n'aviez pas choisi d'étreindre et d'embrasser votre partenaire et de penser à des choses sensuelles à son sujet? Certainement pas. Nous maîtrisons ou choisissons rarement nos sentiments ou notre physiologie, mais nous maîtrisons ou choisissons toujours nos actions et nos pensées conscientes.

C'est pourquoi nous avons toujours de quelque façon le contrôle de notre vie. Quand il s'agit de relation de couple, ce contrôle est efficace si nous vivons une relation heureuse et inefficace si nous vivons une relation malheureuse. C'est pourquoi, pour vivre une bonne relation, il faut être capable de faire les bons choix, de penser et d'agir bien mieux que dans une union malheureuse. Quand je conseillais les femmes déprimées qui vivaient une vie de couple malheureuse, je les aidais à opter pour un bien meilleur agir et un bien meilleur penser que ceux qu'elles avaient l'habitude de choisir. Je n'essayais pas de les aider à se sentir mieux ou à avoir une meilleure physiologie (peut-être souffraient-elles de terribles maux de tête): la théorie du contrôle nous apprend, en effet, que si l'on ne change pas ses actions et ses pensées, cela se révèle tout simplement impossible.

La seule chose sur laquelle nous pouvons agir, c'est le choix que nous faisons de nos actions et de nos pensées; c'est donc cela que nous devons changer si nous sommes insatisfaits de notre comportement. Mais puisqu'apporter une modification à un comportement global signifie nécessairement transformer ce comportement global tout entier, on peut dire que nous choisissons notre comportement global. Si nous effectuons de meilleurs choix quant à nos actions et à nos pensées, nous nous sentirons mieux et aurons une meilleure physiologie. Et, bien entendu, une meilleure relation de couple.

Aussi maladroit que cela puisse paraître au premier abord, à partir de maintenant j'utiliserai des verbes pour décrire les comportements globaux parce que, grammaticalement, tous les comportements se définissent par des verbes, jamais par des noms ou des adjectifs. Ainsi, je dirai que nous choisissons de déprimer (un infinitif). Nous ne souffrons pas de dépression (un nom) et nous ne sommes jamais déprimés (un participe passé à valeur d'adjectif). À première vue, ce vocabulaire particulier peut ne pas sembler très important, mais si vous l'incorporez à votre vie, vous vous apercevrez vite qu'il l'est, au contraire. Quand on vit une mauvaise relation de couple et qu'on se pense déprimé ou souffrant de dépression, on a tendance à se sentir sans défense, comme si cela nous tombait dessus de l'extérieur; on se met donc en quête de quelqu'un qui viendra soulager notre peine ou d'une drogue à effet d'accoutumance comme l'alcool pour la faire disparaître momentanément.

Si au contraire on se dit «Je choisis de déprimer», on est presque forcé de penser à faire l'effort d'un meilleur choix, un choix plus actif que de simplement rester là à ruminer en attendant que quelqu'un ou quelque chose vienne à la rescousse. On peut choisir de penser «Peut-être devrais-je faire quelque chose pour me prendre en mains et m'aider moi-même», et de prolonger effectivement cette pensée par une action efficace. Le chapitre qui suit traite précisément de cet effort volontaire et réel.

Ce qu'est la souffrance et pourquoi nous la choisissons

La souffrance est la composante sentiment ou émotion d'un groupe de comportements globaux très courants que la plupart d'entre nous choisissent quand ils ne contrôlent plus vraiment leur vie, comme quand, par exemple, ils sont insatisfaits de leur relation de couple. La souffrance la plus choisie consiste à déprimer, mais nous pouvons aussi choisir d'abandonner, de récriminer, de devenir fous, de boire ou d'user de drogues. Nous pouvons, si nous le voulons, devenir anxieux, tendus, craintifs, obsédés, ou malades. Autant de comportements fréquemment choisis quand on pense que sa relation de couple n'est pas à la hauteur de l'image que recèle son monde de qualité. Précédant habituellement ces comportements et parfois les accompagnant, le choix de se mettre en colère représente le plus fondamental et le plus courant de tous les comportements globaux que nous choisissons quand les choses ne vont pas comme nous le voudrions.

Aussi difficile que cela soit à accepter pour la plupart d'entre nous, nous choisissons à certains moments de nous comporter comme des gens malheureux parce que nous croyons que ce sont les meilleurs choix possibles. Ce comportement malheureux dépend probablement de ce qui marche le mieux pour nous; il est également possible que nous cherchions à imiter des personnes malheureuses de notre entourage. Par exemple, j'ai déjà conseillé une petite fille de huit ans qui m'a dit que, quand elle serait grande, elle allait avoir des migraines, comme sa mère.

Mais trouver pourquoi l'on choisit telle souffrance n'est pas particulièrement important. La théorie du contrôle nous apprend que l'important, c'est de savoir choisir un comportement plus efficace, parce que tant qu'on ne l'a pas fait, on continue de préférer souffrir. Au lieu de gaspiller temps et énergie à tenter de découvrir pourquoi l'on a choisi un malheur particulier, il vaut mieux chercher à opter pour un comportement global plus efficace.

Tous ceux qui dépriment parce qu'ils vivent une mauvaise relation veulent être mieux traités. Supposez que vous soyez une femme incapable d'obtenir l'amour ou l'attention qu'elle attend de son mari. Même si vous le voulez, vous ne pouvez ignorer ce qui se passe. Le premier comportement qui vous vient à l'esprit est de vous mettre en colère, mais si vous choisissez de vous mettre en colère, vous allez découvrir que, dans la plupart des cas, la colère ne fait qu'empirer les choses. Cela amène des empoignades, souvent même de la violence et c'est vous, la plus faible des deux, qui êtes généralement la perdante.

Mais vous ne pouvez pas seulement vous contenter d'arrêter de vous mettre en colère. Pour arrêter de vous mettre en colère, il vous faut choisir un autre comportement, un comportement qui va restreindre votre comportement colérique tout simplement en le remplaçant. Alors, vous vous trouvez un autre comportement. Il est facilement disponible et vous l'avez appris petite: vous choisissez de déprimer.

Vous savez bien comment agir et penser, comment vous sentir aussi, quand vous décidez de déprimer. Bien que vous n'en soyez généralement pas consciente, votre physiologie ralentit et vous ne vous sentez pas en forme physiquement. Déprimer est si familier, cela fait tellement partie de notre expérience commune qu'il n'y a pas de synonyme dans le dictionnaire. Depuis l'enfance, vous choisissez ce comportement quand vous êtes frustrée, et vous le faites toujours pour trois raisons: 1) pour restreindre la colère qui, vous le savez, va empirer les choses; 2) comme une façon de crier au secours à votre compagnon ou à toute personne susceptible de vous venir en aide; 3) comme une façon de ne pas faire quelque chose de mieux, ce qui exigerait pas mal d'efforts, comme quitter votre partenaire.

J'ai déjà expliqué la première raison. Quant à la seconde, elle est évidente: presque tous nous appelons à l'aide quand nous choisissons de déprimer. Fort peu d'entre nous décident de se cacher pour souffrir. La troisième raison est moins évidente et je vais donc l'expliquer. Par exemple, des amis à qui vous confiez votre malheur vous disent «Quitte-le», et vous êtes d'accord. Mais du même souffle, vous ajoutez: «Je le ferais bien, mais je suis trop déprimée, je n'en ai pas la force.» Bien que la théorie du contrôle nous montre que déprimer est un choix, ce n'est pas un choix facile, et ce n'est pas non plus facile de faire un autre choix.

Si vous voulez mettre fin au malheur que vous avez choisi, vous devez rassembler les forces nécessaires pour faire un meilleur choix: une relation avec une personne capable de vous aider, comme un conseiller en théorie du contrôle, pourra vous donner la force de faire un meilleur choix. Pour vous encourager à cesser de déprimer et vous inciter à faire quelque chose de mieux, le conseiller vous montrera clairement que déprimer prend énormément d'énergie et ne vous mène nulle part.

Mais d'après mon expérience, la plupart des gens ont plus de forces qu'ils ne le croient, en particulier quand ils connaissent suffisamment la théorie du contrôle pour bien voir ce qui se passe. Ils peuvent puiser dans ces forces pour s'aider eux-mêmes ou avoir recours, pour essayer d'adopter un meilleur comportement, aux encouragements de bons amis ou d'une famille qui sait les soutenir. La connaissance de la théorie du contrôle offre l'essentiel: l'espoir. Car c'est le désespoir de la composante des comportements globaux, autrement dit le choix de déprimer qui vous vole votre force et vous rend la vie apparemment si difficile et si morne.

Vous vous dites probablement que c'est impossible, que vous ne choisissez pas de vous sentir si mal, que ça vous arrive, c'est tout. Et vous pourriez peut-être ajouter que personne, dans son état normal, ne déciderait de se sentir ainsi. Mais ce que vous ne voyez pas, c'est que vous n'êtes justement plus dans votre état normal. Vous vous sentez les nerfs à vif, comme si votre esprit avait perdu sa capacité de vous inciter à vous venir en aide, comme il le faisait auparavant.

Mais maintenant que vous savez ce qu'est le comportement global, vous savez que rien ne vous force à continuer de choisir de déprimer. Vous savez qu'il existe un meilleur choix et que vous pouvez le faire n'importe quand. Dans presque tous les cas, il existe une grande variété de comportements bien plus utiles, en ce sens qu'ils améliorent la relation ou permettent d'y mettrc un terme, et finalement bien plus satisfaisants que le choix doulou- reux et inefficace de déprimer.

Quelques suggestions d'action

Prenez le temps de vous dire et de vous répéter sans cesse: «Ma relation de couple n'est pas satisfaisante et, pendant longtemps j'ai décidé de déprimer (et peut-être même d'adopter d'autres comportements de malheur inefficaces tels que l'anxiété, la co- lère. la critique, l'apitoiement sur soi, le découragement et la boisson), mais maintenant que je sais que je choisis mon mal- heur, je vais essayer de faire un meilleur choix.»

Cela peut prendre du temps avant de trouver ce meilleur choix. Mais si vous vous rappelez constamment que c'est vous qui adop- tez le comportement global qui vous rend si malheureux, vous vous mettrez plus ardemment à tenter de trouver un comporte- ment plus efficace. Et sur cette voie, ces pensées vous donneront de l'espoir. Ainsi, le désespoir qui, par votre propre choix, a do- miné votre vie de couple va perdre son pouvoir.

En reprenant un peu d'espoir, vous commencerez à compren- dre que ce que je dis est vrai: toute la douleur que vous avez choisie n'aura servi à rien de bon à long terme. Certes, vous avez préservé l'intégrité de votre vie en restreignant votre colère. Vous avez appelé à l'aide et vous avez réussi à vous trouver des excu- ses pour ne pas faire mieux. Mais le temps continue à passer et votre relation ne s'améliore pas. Alors pourquoi continuer? Main- tenant que vous vous êtes familiarisé avec la théorie du contrôle, pourquoi ne pas essayer de la mettre en pratique? Permettez-moi de suggérer un petit scénario très précis que vous pourriez es- sayer. Je ne garantis pas son succès, mais en tout cas, dans l'état où elle se trouve actuellement, cela ne risque pas de compromet- tre votre union.

Tenons tout d'abord pour acquis que la grande majorité des femmes qui se sont murées dans des relations insatisfaisantes ne sont pas pour autant liées à des ogres. Elles ne craignent pas pour leur vie, et il existe encore quelques îlots de bien-être dans un océan de désagréments. Ceci est important. Car ce qui rend les choses pénibles, ce n'est pas tant le malheur au quotidien, c'est le fait que vous ayez perdu tout espoir d'une amélioration quelconque. Mais faut-il vraiment penser cela? Bien sûr que non! Ces noires pensées sont volontaires, et vous pouvez les changer dès maintenant si vous décidez d'essayer.

Pour commencer, attendez de vous retrouver seule avec votre partenaire, choisissez un moment où votre relation est calme, une période sans disputes et sans conflits. Alors, d'un ton calme, gentiment interrogatif, posez à votre partenaire la question suivante: «Es-tu, à l'heure actuelle, particulièrement satisfait de notre relation? Réponds seulement par oui ou par non s'il te plaît.» S'il répond «non», dites seulement «je suis d'accord.» S'il répond «ça peut aller», comme je le pense, dites-lui «ça ne me suffit pas.» Au cas improbable où il répondrait «oui», dites: «Tu peux bien être satisfait, toi, mais moi je ne le suis pas.»

S'il vous demande ce qui ne va pas, ou pourquoi vous êtes si malheureuse, ou encore s'il fait une allusion à ce qui ne va pas dans votre relation, répondez: «Je ne veux pas parler de ce qui ne va pas parce que ça ne fait pas la moindre différence que nous soyons d'accord ou non sur ce point. Parler de ce qui ne va pas ne changera absolument rien. C'est comme parler d'une crevaison; on peut bien en parler tant qu'on voudra, le pneu restera crevé.»

Il attendra sans doute de voir ce que vous avez à dire. Alors ajoutez: «J'ai plutôt l'intention de m'arranger pour que quelque chose se passe le plus tôt possible dans notre relation de couple, quelque chose de mieux que ce que nous vivons actuellement. Si tu veux mettre la main à la pâte, tant mieux! Si tu ne le veux pas, j'arrête de ruminer et de me plaindre de toi, de moi, du monde entier ou de l'état des choses, et j'essaie de faire quelque chose de bien pour nous deux. La vie est trop courte pour que je sois malheureuse, et je l'ai été suffisamment longtemps.»

À ce moment, s'il reste quoi que ce soit dans votre vie de couple, il va se réveiller et commencer à faire vraiment attention à ce que vous dites. Il peut même, habitué qu'il est au malheur tranquille qu'est devenu votre couple, s'alarmer et demander ce que vous allez bien faire. S'il le fait, soyez prête à lui dire alors, avec un sourire suggérant que peut-être lui aussi souhaite de l'amélioration: «Qu'est-ce que tu aimerais que je fasse? Je ferai tout ce que tu voudras et dès maintenant.»

Au cas, peu probable, où il suggérerait que vous fassiez l'amour, faites attention. Pour bien des hommes, la sexualité est le remède miracle à tous les problèmes de couple. Ce n'est pas parce que vous n'avez pas envie de faire l'amour ou que vous êtes incapable d'y prendre plaisir que votre vie sexuelle est insuffisante. C'est parce que vous n'êtes pas amis. La plupart du temps, l'un d'entre vous, ou même peut-être les deux, ne montrent guère de considération pour l'autre, et vous ne faites presque rien ensemble d'agréable aux deux. C'est justement là le but de ce que je suggère ici. Si ça marche, votre vie sexuelle va s'améliorer.

Après avoir dit que vous étiez prête à tout, s'il ne dit rien ou répond qu'il ne sait pas quoi suggérer, soyez prête à aller plus loin sans son aide. Ne soyez pas surprise de son mutisme. S'il était plus conscient de ce qui se passe, ou plus créatif, votre couple serait en meilleur état. Prévoyez sa réponse et dites-lui que vous n'attendez pas après lui.

Puis prenez-le dans vos bras, embrassez-le et dites-lui: «Ne t'en fais pas, je trouverai bien quelque chose. Mais je suis sûre qu'il y a quelque part dans ta tête des images de ce que nous pourrions faire ensemble d'agréable à nous deux. Écoute, si tu veux, nous pourrions en reparler demain. Cela suffit pour aujourd'hui. Pense à tout ce que je t'ai dit. J'en ai assez d'être malheureuse et de me plaindre tout le temps. Je veux être heureuse, et j'ai bien l'intention de faire quelque chose pour le devenir.

J'espère que tu m'aideras à trouver quelque chose que nous puissions faire ensemble, mais si tu ne m'aides pas, je m'arrangerai toute seule.»

C'est un bon début, alors n'allez pas trop loin. Vous connaissez suffisamment vos propres besoins pour avoir aussi une bonne idée des siens. Vous avez dressé un profil de l'intensité de vos besoins, et vous avez sérieusement tenté de déterminer les siens. Vous avez ainsi découvert que si vous n'êtes pas d'une compatibilité parfaite, vous avez au moins quelques points communs. Vous avez identifié vos images d'une vie de couple dans votre monde de qualité et vous avez une bonne idée des siennes. S'il veut en reparler, et c'est possible si vous arrêtez de déprimer, de vous plaindre et de critiquer, votre meilleure chance est sans doute de lui suggérer de lire ce livre. S'il le fait, il y a des chances que vous soyez en route vers une meilleure relation de couple.

À ce stade, vous aurez fait à peu près tout ce que vous pouviez faire. S'il n'est toujours pas intéressé à travailler avec vous à l'amélioration de votre relation, procédez sans lui.

Chapitre 8

Nos relations avec les autres

Dans le chapitre précédent, j'ai parlé d'espoir. Je voudrais maintenant ajouter que l'espoir, c'est plus que croire que les choses ne peuvent pas empirer. C'est croire que les choses vont s'améliorer. Nous allons nous mettre à faire ensemble des choses que nous aimons tous les deux, et nous les ferons suffisamment souvent pour qu'elles fassent partie intégrante de notre vie, et qu'on puisse compter sur elles. Au moins presque chaque jour, il y aura une éclaircie, un véritable sentiment de proximité, un moment où nous ferons plus qu'accepter l'autre, où nous apprécierons vraiment sa compagnie. C'est un moment sans tension, où aucun des partenaires ne se plaint ou n'exige quelque chose, un temps pour relaxer et apprécier simplement d'être ensemble. Ce tableau paraîtra peut-être idyllique à certains, mais pourquoi ne pas essayer de le vivre? Si vous n'essayez même pas, alors là, oui, il n'y a aucun espoir.

Quand des tensions se produisent dans d'autres types de relations que la vie commune, il suffit de rompre la relation pour un temps pour que les deux s'en portent mieux. Quand la tension est tombée, on renoue la relation. Comme on n'est pas lié l'un à l'autre, il n'y a aucune raison pressante de continuer à essayer de changer l'autre. Mais dans une relation de couple, rompre est plus difficile que dans n'importe quel autre type de relation. C'est si difficile même que ce n'est généralement pas une solution. Chacun veut avoir le dernier mot, discuter pied à pied jusqu'à la fin, fût-elle amère. Chacun s'obstine à vouloir changer l'autre, à lui faire admettre ses torts, à l'accuser de manquer d'amour. On reproche à l'autre de ne pas se montrer sensible à ses besoins, de ne pas essayer d'améliorer les choses et plutôt de tenter de s'éloigner de soi.

Ce qui s'avère nécessaire dans une telle situation, ce n'est pas tant de trouver une façon d'affronter les problèmes à mesure qu'ils surviennent que d'avoir une meileure compréhension de la façon dont nous vivons nos relations l'un avec l'autre, de façon à moins souffrir dans notre vie de couple. Car lorsqu'une dispute se produit, il y a fort peu de bonnes façons de la régler.

Nos quatre formes de relations avec les autres

Avec le développement de la civilisation, quatre formes fondamentales de relations humaines se sont établies: 1) l'amour et l'amitié; 2) la relation d'aide; 3) l'enseignement; 4) la direction. Pour une vie de couple heureuse, l'essentiel c'est l'amour et l'amitié; la relation d'aide et l'enseignement sont utiles, comme je vais l'expliquer bientôt; mais si l'un ou l'autre des partenaires, ou les deux, tentent de diriger l'autre, de le «gérer», les conséquences pour le couple s'avèrent presque toujours désastreuses.

L'amour et l'amitié

Le fondement d'une vie de couple heureuse, c'est le sexe amoureux basé sur une grande amitié. Une sexualité heureuse repose sur tout ce que l'un des deux peut faire pour donner à l'autre du plaisir physique. Les partenaires doivent échanger librement sur ce sujet et se mettre d'accord sur ce qui est acceptable au lit. Une grande amitié repose sur de nombreuses étreintes passionnées, de nombreux baisers et caresses. Elle implique également qu'on se parle facilement et avec plaisir, qu'on ait des intérêts communs et en particulier qu'on fasse ensemble des choses qui font apprendre et progresser. Plus les profils d'intensité des besoins et les mondes de qualité du couple sont compatibles, plus il y a de chances que cela se produise.

Les couples qui ne se parlent guère ou partagent peu de choses peuvent malgré tout vivre raisonnablement heureux s'ils ont des bons amis avec qui parler librement et même de façon intime. Mais cela est satisfaisant, sans plus, et ne donne pas le bonheur d'être ensemble, ce dont une bonne vie de couple a absolument besoin. Il n'y a pas grand-chose à dire de plus sur l'amour et l'amitié, sinon qu'un couple heureux a besoin d'une grande quantité des deux. Si vous devez partir de zéro pour apprendre à aimer et à être ami avec votre partenaire, il y a peu de chances que vous viviez avec lui une bonne relation.

La relation d'aide

La meilleure définition qu'on peut donner de la relation d'aide, c'est une personne qui en aide une autre à surmonter un problème quelconque de sa vie, à condition toutefois que la personne aidée le veuille et l'ait demandé. Ce n'est pas de la relation d'aide si l'un des deux dit à l'autre: «Voilà ce que tu dois faire.» Cela, c'est de la direction, ce qui est généralement désastreux pour un couple. Si l'un des deux dit à l'autre que ce dernier a besoin d'aide et lui conseille de chercher de l'aide auprès d'un ami, d'un parent ou d'un spécialiste, cela peut tout de même se révéler positif si celui qui donne un tel conseil est absolument sûr que l'autre veut être aidé. Mais si vous pensez le moindrement que votre partenaire ne veut pas être aidé, ne le lui suggérez pas; ce serait perçu comme une autre façon de vouloir le diriger. Et vous ne pouvez absolument pas imposer de l'aide à quelqu'un qui n'en veut pas. Cela peut conduire à la violence, et c'est d'ailleurs souvent la cause immédiate de la violence conjugale.

J'ai décrit en détail la méthode de la relation d'aide que je trouve la plus efficace dans mon livre *La thérapie de la réalité*. On l'enseigne généralement à des conseillers professionnels, mais elle présente aussi beaucoup d'intérêt pour des partenaires qui veulent s'aider mutuellement, parce qu'elle représente en réalité une façon d'appliquer la théorie du contrôle à la solution d'un problème personnel.

S'il y a au moins un peu de chaleur et de soutien mutuel dans le couple, le partenaire qui fait la relation d'aide devrait demander à celui qui demande de l'aide ce qu'il attend de leur relation. Qu'il prenne son temps et demande à son partenaire d'expliquer le plus clairement possible ce qui lui semble manquer dans cette relation. Quoi qu'il dise (et c'est d'ailleurs pour ça qu'il est particulièrement difficile de faire de la relation d'aide auprès d'un partenaire amoureux), l'autre ne doit pas se sentir attaqué et doit se contenter d'écouter.

Puis il demandera: «Ce que tu as choisi de faire t'a-t-il donné ce que tu veux?» Si la réponse est non, comme c'est généralement le cas, il poursuivra: «Si tu n'obtiens pas ce que tu veux dans ce que tu as décidé de faire, ne pourrions-nous pas ensemble essayer de trouver une nouvelle façon d'agir qui nous serait acceptable à tous deux? Je ferai tout ce que je pourrai pour t'aider. Voyons si nous ne pouvons pas trouver une bonne façon de procéder.» À partir de là, le fait d'être partenaire devient un avantage. Car on peut affronter le problème directement et non de façon détournée, comme ce serait le cas pour un conseiller professionnel ou même un ami. Il y a donc, on le voit, à la fois des avantages et des désavantages à être le partenaire de la personne qu'on conseille, et dans la pratique, les deux peuvent s'équilibrer.

Si vous suivez exactement mes suggestions, pas de critique, pas de blâme, pas de retour sur le passé, pas de recherche de responsabilités, mais au contraire la volonté de traiter le problème comme il se présente à ce moment-là et de chercher de meilleures choses à faire ensemble, vous pourrez venir en aide à votre partenaire. Et c'est le genre d'aide dont les effets sont durables, parce que vous prenez ainsi confiance en votre capacité de vous aider mutuellement et vous acquérez en même temps l'espoir qui va avec cette confiance. Vous apprenez par la pratique que rien ne vous force à choisir d'être malheureux; vous pouvez résoudre vos problèmes. Mais je le répète: ne vous risquez pas à faire de la relation d'aide que si votre partenaire est d'accord.

L'enseignement

Enseigner est plus facile que faire de la relation d'aide, et les partenaires d'un couple s'enseignent souvent mutuellement. Si le partenaire élève veut apprendre du partenaire professeur, c'est une grande source de joie dans le couple. Ma femme m'a dit un jour que j'avais beaucoup à apprendre en matière d'écriture. Mais au début je n'étais pas d'accord, et je me fâchais parce qu'il était fastidieux d'apporter à mes textes toutes les corrections qu'elle suggérait. C'est ainsi que ses premières tentatives pour m'apprendre à mieux écrire n'ont guère fonctionné. Mais les choses ont changé de façon spectaculaire quand j'ai appris à me servir d'un traitement de texte. Je me suis alors montré avide d'obtenir ses conseils parce que les corrections n'étaient pas seulement faciles, elles étaient agréables à effectuer. Cela montre bien comment l'enseignement peut d'abord mal fonctionner puis par la suite bien marcher, sans qu'il y ait la moindre faute de la part du partenaire enseignant.

À l'intérieur d'une relation aussi délicate que le couple, enseigner doit se faire dans une atmosphère où le professeur ne critique pas l'élève parce qu'il est lent à assimiler ou parce que ce qu'il fait n'est pas du goût du professeur. Même si l'élève demande qu'on le critique, il vaut mieux ne pas s'exécuter. Car l'élève peut fort bien penser que le partenaire professeur tente ainsi d'exercer un certain pouvoir sur lui, et toute tentative pour exercer le pouvoir dans un couple se révèle extrêmement néfaste. L'équilibre des pouvoirs réciproques est toujours chose délicate dans n'importe quel couple. Les deux partenaires doivent beaucoup travailler pour trouver et maintenir l'équilibre des pouvoirs qui leur convient le mieux. Ainsi, l'enseignement est comme la relation d'aide: il faut là aussi que le partenaire élève veuille apprendre.

D'un autre côté, si l'un ou l'autre des partenaires veut apprendre quelque chose d'une source extérieure, il devrait pouvoir le faire et s'inscrire à un cours ou se trouver un professeur. Cela ne déséquilibre pas la relation et, en fait, cette initiative est généralement plutôt bonne pour le couple. Car si les deux partenaires se soucient vraiment l'un de l'autre et, jusqu'à un certain point, partagent ce que chacun apprend, cela consolide toujours le couple.

Mais si l'un des deux apprend beaucoup de choses, et que l'autre reste en plan et ne montre aucun intérêt, cette déplorable situation enlève encore à ce qui était déjà une relation sans joie. Le mieux, c'est d'apprendre beaucoup en commun. C'est une merveilleuse façon d'apporter la joie à n'importe quelle relation, et de l'y maintenir.

La direction

Diriger avec succès une ou plusieurs autres personnes est sans conteste la plus difficile de toutes les tâches que nous puissions accomplir dans la vie. Dans une relation de couple, on ne devrait tout simplement pas s'y risquer, car c'est la mort du couple. Même si c'est bien fait, et avec un partenaire qui ne semble pas s'en formaliser ou même semble plutôt intéressé, cela représente une menace pour le couple parce que le partenaire géré n'aime guère se retrouver placé de force dans une situation inégale dont il est la victime. La tentative de diriger la vie commune, faite par l'un des partenaires ou les deux, représente de loin la principale raison de l'échec des couples.

Quand on pense direction, on pense généralement au travail où tout le monde se trouve en situation d'être dirigé. Mais c'est aussi l'essence même de ce que font les professeurs à l'école, les parents qui élèvent leurs enfants, et malheureusement ce que trop d'hommes et de femmes tentent de faire avec leur partenaire.

Quand c'est bien fait, comme quand, par exemple, le dirigeant convainc les dirigés de l'intérêt pour eux d'adopter ses objectifs à lui, cela peut donner d'excellents résultats dans l'entreprise, à l'école, ou dans l'éducation des enfants. Mais dans une relation de couple, même si c'est très bien fait, cela aboutit à un échec lamentable.

En fait, il n'y a dans le monde qu'un type de direction: la direction autoritaire. Son essence réside dans le fait que le dirigeant ou la dirigeante dit à la personne qu'il ou qu'elle tente de diriger quoi faire et comment le faire. Il évalue les progrès et use de récompenses et de sanctions pour forcer l'autre à faire ce qu'il veut. Les dirigeants autoritaires ont d'ailleurs tendance à avoir davantage recours aux punitions qu'aux récompenses (les récompenses ne sont pas idéales, mais elles sont préférables aux punitions). Ainsi, la relation entre le dirigeant et ses subalternes devient vite conflictuelle, ce qui ne fait qu'empirer avec le temps.

Dans le couple, les punitions qu'utilise le partenaire dirigeant sont généralement de l'ordre de la critique acerbe, de la rupture ou de la menace de rupture. Le partenaire dirigé réplique de la même façon, et ils deviennent ainsi de plus en plus des adversaires, voire même des ennemis.

Devenus adversaires, les partenaires peuvent finir par ne plus se parler, refuser de faire l'amour, critiquer, se plaindre, boire et même faire violence à l'autre, toutes ces souffrances trop connues que des partenaires peuvent s'infliger dans le cadre d'une relation malheureuse où l'autorité ou les tentatives de l'exercer sont la norme. L'exercice de l'autorité représente la principale façon dont les gens tentent de satisfaire leurs besoins de pouvoir, et ceux dont les besoins sur ce plan sont grands, lorsqu'ils ne peuvent pas les satisfaire en dehors de leur couple, parviennent rarement à vivre une relation heureuse. Ils veulent trop mener.

Si vous vivez une relation mais sans habiter encore ensemble, et si vous êtes satisfait de la compatibilité génétique suffisante qu'il y a entre vous et votre partenaire, prenez garde à l'autorité.

S'il y en a déjà à ce stade initial de votre relation, elle s'avérera généralement fatale à votre couple: l'expérience montre, en effet, que l'autorité ne fait qu'empirer avec le temps. Peut-être votre couple ne se séparera-t-il pas, mais l'autorité vous privera de toute chance d'atteindre le bonheur. Le problème, c'est que les gens menés avec autorité mais de façon aimante ou pleine d'attentions lors des premiers mois de leur relation pourront peut-être se sentir bien si leur besoin de pouvoir est moyen ou faible. Ils prendront peut-être l'autorité que l'on exerce sur eux pour de l'attention.

Mais même si celle-ci s'exerce avec amour, ce n'est pas de l'attention, c'est du contrôle. Et en tant que système de contrôle, nul parmi nous ne veut être contrôlé par d'autres. Nous finirons tous par nous battre pour le contrôle, et cette lutte détruira la relation de couple. Certains d'entre nous se battent vraiment, directement, d'autres se battent par des moyens détournés tels que la maladie, les douleurs diverses et le plus souvent en choisissant de déprimer. Mais quel que soit le moyen choisi par le plus faible, la vie de couple subit des dommages considérables.

Vous qui lisez ce livre vivez probablement, pour la plupart, en couple, et le mauvais état éventuel de votre relation provient en grande partie de l'autorité et du combat pour la prise de contrôle qui en résulte. Ceci est facile à constater, mais très difficile à réparer. La première chose à faire, pour échapper aux griffes de l'autorité, c'est d'arrêter le combat. Dites à votre partenaire dirigeant que vous n'allez plus vous battre, mais que vous n'allez pas non plus faire ce qu'il vous dit à moins qu'il ne puisse vous expliquer clairement en quoi ce qu'il vous demande de faire est bon pour vous.

Par exemple, imaginez qu'en tant que femme vous ayez besoin que votre compagnon vous aide davantage avec les enfants, mais qu'il vous dise constamment que les enfants, c'est votre affaire. Si vous protestez, il vous punira d'une façon ou d'une autre, généralement en vous privant de son amour. L'image que vous en avez dans votre monde de qualité vous dit pourtant que le soin des enfants se partage au moins un peu; mais dans le sien, vous êtes la principale responsable des enfants. Le résultat de ce conflit, un simple exemple parmi une myriade de conflits possibles dans un couple où sévit l'autorité, c'est que chacun réduit d'autant la place que prend l'image de l'autre dans son monde de qualité. Et avec une telle réduction, la vie de couple elle-même s'atrophie.

Si vous en avez la force, vous pourriez essayer de dire à votre partenaire: «Parle-moi, explique-moi, aide-moi, écoute-moi, mais ne me dis pas quoi faire. Si tu continues, je ne me battrai pas; cela ne donne rien et nous y perdons tous les deux. Mais crois-moi, je ne ferai pas ce que tu dis à moins d'être d'accord ou que nous en ayons discuté et que tu aies su me convaincre.» N'agissez pas ainsi, cependant, si votre partenaire est un homme violent. Dans ce cas, si vous ne parvenez pas à vous entendre, il vaut mieux envisager la séparation. Aucune relation ne mérite qu'on se fasse battre.

En lisant ceci, vous vous dites peut-être que vous lui répétez tout cela depuis des années, mais qu'il ne vous écoute pas; c'est comme si vous parliez à un mur. Oui, peut-être lui avez-vous en effet dit tout cela, mais habituellement, en agissant ainsi, vous vous battiez encore d'une façon ou d'une autre, et la lutte active pour le pouvoir continuait de plus belle. Vous devez maintenant continuer à vous exprimer sans vous battre. C'est très dur, je le sais, mais c'est la seule façon d'obtenir des résultats à partir de cette suggestion.

Vous aurez plus de chance de succès dans cette entreprise si votre partenaire ne la perçoit pas comme une contre-attaque habile. Alors ne parlez, au début, d'aucun des problèmes évidents de votre couple. Dites-lui simplement: «Nous savons bien discuter, nous battre et nous faire du mal mutuellement. Mais si l'on essayait plutôt, pour une fois, de prendre plaisir simplement à être ensemble.» Puis essayez d'imaginer quelque chose que vous n'avez pas encore fait ensemble; montrez-vous créative et même imprévisible. La créativité est indispensable au comportement bénéfique du couple, ce dont je vais maintenant aborder.

L'explication que donne la théorie du contrôle au sujet de la créativité

Nous sommes continuellement créatifs, et de façon étonnante. Mais quand nous voyons toute la créativité évidente et merveilleuse qui nous entoure, nous avons, pour la plupart, du mal à nous placer nous-mêmes dans la catégorie des créateurs. Et quand nous vivons une situation difficile, comme une relation de couple malheureuse, nous nous sentons encore moins créatifs. Nous nous en tenons à une batterie de comportements habituels, comme l'affrontement, l'abandon, ou le choix de déprimer, des comportements qui nous paraissent si naturels et qui sont pourtant si inefficaces, si dépourvus de créativité. Mais c'est précisément dans des temps difficiles comme ceux-là qu'il nous faut devenir encore plus créatifs pour essayer d'injecter de la nouveauté dans notre vie de couple, quelque chose qui nous rapproche l'un de l'autre. Sans cela, le couple, qu'il se sépare ou non, court à l'échec.

La théorie du contrôle prétend que nous sommes tous créatifs en tout temps. Si vous vous observez attentivement tandis que vous vaquez à vos occupations de la journée, vous verrez de nombreux exemples de cette créativité. Pensez seulement à ce que vous dites: la créativité qui s'y manifeste ne vous surprend-elle pas vous-même de temps en temps? Pensez au ton de votre voix: ne l'avez-vous pas adopté sans effort pour rendre vos arguments plus convaincants? Imaginez cette expression de votre visage qui traduit vos sentiments: ne s'agit-il pas parfois d'une expression neuve et créative? D'où vient toute cette créativité? Vous ne la faites pas surgir consciemment. Elle semble venir toute seule, comme ça.

Nous avons tous à l'intérieur de notre cerveau un système créatif qui réorganise constamment nos possibilités de comportements de façon à produire quelque chose de neuf ou de différent. C'est dans nos rêves que nous voyons le plus manifestement ce système fonctionner. Nous ne les choisissons pas; ils se produisent, c'est tout. Et pourtant, souvent d'une façon très étrange, la plupart d'entre eux sont en relation avec notre vie, souvent avec un problème auquel nous avons à faire face. Mais un problème n'est rien qu'une façon d'exprimer qu'il y a, comme dans les mauvaises relations de couple, une grande différence entre l'image de ce que nous voulons et ce que nous croyons avoir. Et comme je l'ai expliqué, nous devons essayer d'agir pour réduire cette différence chaque fois qu'elle se manifeste.

Mais qu'arrive-t-il si l'on ne sait pas comment réduire cette différence? Il y a deux choix possibles: soit adopter un comportement familier, douloureux et inefficace, comme déprimer, soit au contraire essayer d'imaginer un nouveau comportement, un comportement qu'on n'a jamais essayé auparavant. Mais si vous décidez de tenter quelque chose de nouveau, ne vous attendez pas à ce que cela vous vienne à l'esprit, d'un seul coup. En fait, n'essayez même pas de vous forcer à imaginer quelque chose de nouveau. La créativité ne s'obtient pas par un effort mental.

Une fois que vous vous êtes décidé à vous comporter différemment, laissez reposer votre esprit (dans ce cas, reposer signifie encore faire quelque chose). Rappelez-vous que si vous vous contentez de laisser mûrir le problème sans déprimer, sans vous battre ou pleurnicher, vous aurez des chances que jaillisse une idée. Pendant un certain temps, vaquez à vos occupations dans un esprit aussi positif que possible. Cela peut vous sembler insignifiant, mais c'est infiniment plus que ne rien faire.

Montrez-vous ouvert à tout ce qui passe, même si, à première vue, cela paraît totalement différent de tout ce que vous avez essayé jusqu'à présent, en particulier si ce nouveau comportement s'annonce comme quelque chose d'agréable. Par exemple, je laissais mon esprit jongler librement avec ce que je pouvais conseiller à une femme dont le compagnon refusait de faire sa part dans l'éducation des enfants, et il m'est venu ceci. Avec l'aide des enfants, vous inventez un petit jeu musical dans lequel ces derniers demandent à leur père de bien vouloir s'occuper un peu d'eux, à son tour. Demandez à l'un d'eux de tenir votre rôle et d'y aller carrément en chantant, par exemple: «Je m'en vais si tu ne m'aides pas.» Et montrez à l'enfant qui joue votre personnage comment faire une valise. Dans votre petit jeu, arrangez-vous pour suggérer quelque chose de précis que papa puisse faire sans trop d'effort. Si vous n'en demandez pas trop, vous recevrez peut-être plus que ce que vous attendez.

Inventer quelque chose de ce genre va faire tomber la tension et peut conduire à une plus grande attention amoureuse plus tard, cette nuit même, de la part d'un père qui essaie de vous montrer ainsi qu'il a apprécié ce que vous avez inventé. J'essaie de montrer par cet exemple non pas que je suis particulièrement créatif ou que vous devez vous même vous montrer particulièrement créative, mais que si vous donnez la chance à votre esprit de fonctionner, comme je l'ai fait pour le mien, le système créatif se mettra en branle. Soyez prête à ce que vous vienne à l'esprit un grand nombre d'idées stupides ou sans valeur, mais ne vous critiquez pas, peu importe ce qui vous viendra à l'esprit. L'autocritique débranche le système créatif. Soyez patiente, et donnez-vous le temps. Votre système créatif va sûrement produire quelque chose.

Les conflits

De toutes les situations que vous rencontrez au cours de votre vie, le conflit est celle qui cause le plus de détresse. Il se produit quand deux images de votre monde de qualité entrent en contradiction l'une avec l'autre, et qu'il n'y a aucun moyen de les réconcilier. Par exemple, vous voulez abandonner la vie de couple parce que vous n'y recevez pas assez d'amour et d'attention, mais vous ne voulez pas briser votre famille. Votre compagnon vous donne tout ce dont vous avez besoin et c'est un bon père. Dans une telle situation, il n'existe pas de comportement efficace, vous ne pouvez à la fois partir et rester, et habituellement personne ne peut vous aider. Quand vous êtes prise dans une telle situation, vous avez beau choisir de souffrir tant que vous voudrez, le conflit demeure. Souffrir ne sert à rien, sauf à contenir la colère.

Là encore, la meilleure adresse pour obtenir de l'aide, c'est votre pouvoir créatif. Il peut fort bien vous proposer un nouveau comportement sous la forme d'une nouvelle idée. Par exemple, il peut vous suggérer de partir pour voir ce qui va arriver, idée si radicale et apparemment si impulsive qu'elle vous semble créative. Souvenez-vous, votre système créatif n'a pas à sortir quelque chose d'entièrement nouveau sous le soleil: il suffit que ce soit nouveau *pour vous*, à ce moment-là. Comme le dit un de mes meilleurs amis: «Réinventer la roue, ça reste une invention stimulante. Et peu importe que vous n'ayez pas été le premier à l'inventer.»

Je sais bien que lorsque nous déprimons ou que nous abandonnons la partie, l'action est bien la dernière chose à laquelle nous pensons. Et aussi longtemps que nous sommes convaincus que le malheur nous poursuit, nous sommes pris au piège. La théorie du contrôle nous offre une façon de nous en sortir en nous disant qu'il y a toujours une solution. Écoutez votre système créatif; ne cherchez pas d'excuse en vous disant que ce n'est pas votre faute. Peu importe à qui la faute. Ce qui importe, c'est que quelqu'un s'avance et effectue un changement, et en tant que personne la plus insatisfaite, c'est vous qui devez logiquement faire ce premier pas. Si vous ne le faites pas, personne d'autre ne le fera à votre place.

Au moment où j'entreprenais la rédaction de ce livre, j'ai demandé à tous les lecteurs de mon bulletin d'information envoyé à environ un millier de personnes de me faire part de tout ce qui avait rendu leur couple heureux. Je m'attendais à recevoir beaucoup de réponses, mais il y en a eu très peu. Je me suis posé beaucoup de questions à ce sujet. Y avait-il si peu de couples heureux? C'est peut-être bien le cas, mais je crois plutôt que la réponse est ailleurs. Je pense que ce qui rend une union heureuse est, pour la plupart des couples satisfaits, tellement banal que peu ont pensé qu'ils pouvaient avoir quelques idées valables sur le sujet.

Mais ceux qui ont répondu ont insisté sur le fait qu'ils étaient de bons amis et qu'ils faisaient des efforts pour le rester. Ils ne laissaient pas les malentendus prendre racine et devenir des problèmes. Ils se parlaient et s'écoutaient l'un l'autre même quand ils étaient perturbés. Quelques-uns, mais pas tous, évoquaient la sexualité. Ceux qui le faisaient disaient qu'ils étaient encore prêts à apprendre et à écouter, et qu'ils essayaient de se montrer créatifs au lit, mais qu'au fond c'était encore l'amitié qui conservait à leur sexualité tout son plaisir. Ces couples confirmaient ainsi un des plus importants messages de ce livre.

L'une des réponses les plus détaillées m'est venue d'un couple heureux en ménage depuis plus de vingt-six ans. Elle est si pertinente et si bien écrite que je ne résiste pas au plaisir de terminer ce livre sur elle. La voici:

1) Nous avons eu, en vingt-six ans, au moins cinq sortes de relations différentes l'un avec l'autre.

2) Nous fêtons notre présence ensemble plusieurs fois par jour: accueils chaleureux, enthousiasme au téléphone, «je t'aime» fréquents, chansons composées en l'honneur de l'un ou de l'autre, etc.

3) Nous nous sommes toujours donné des rendez-vous, même quand il fallait s'occuper des enfants, et même quand nous étions très occupés.

4) Nous nous nourrissons l'un l'autre. Nous cherchons toujours de nouvelles façons de nous soutenir physiquement et émotionnellement; par exemple, en nous faisant nos plats préférés, en conduisant l'autre à son travail quand il fait mauvais temps, en nous consultant sur nos affaires respectives, en nous donnant des massages quand nous regardons la télé.

5) Nous prenons le risque de dire à l'autre ce que nous voulons et aussi celui de lui signifier ce que l'on ne trouve pas bien.

6) Nous nous aimons inconditionnellement. Nous n'entretenons pas d'attentes susceptibles d'augmenter ou de diminuer la quantité de notre amour. L'amour doit être gratuit.

7) Nous nous attribuons la liberté d'être tout à fait nous-mêmes. Nous acceptons les différences. Nous respectons les limites de chacune de nos deux personnalités.

8) Nous nous considérons mutuellement comme d'excellents amis. Jour après jour, nous pensons et agissons ensemble comme les meilleurs amis du monde.

9) Nous savons rire, faire les fous, et nous amuser ensemble, sans aucune honte; par exemple, nous nous parlons dans des langues imaginaires, nous inventons des chansons, serrés l'un contre l'autre.

10) Nous gardons une sexualité bien vivante et nous sommes toujours prêts à faire des expériences sur ce plan, avec l'accord de l'autre.

11) Nous aimons dresser des listes ensemble.

Le nombre de pensées et la quantité d'efforts investis par ce couple dans son mariage heureux m'impressionne énormément. Cela ne veut sans doute pas dire que tout a été rose pour eux. Il n'existe pas de couple pour qui tout soit rose. Mais ce couple, sans même avoir lu ce livre, confirme la plupart des choses que j'y ai écrites. Ce qui m'intéresse le plus dans leur liste, c'est le premier point, celui où ils affirment avoir eu au moins cinq types de relations différentes au cours des vingt-six dernières années. Je me demandais quelles pouvaient bien être ces relations, et je leur ai donc demandé plus de détails.

Voici donc une description des rôles que chacun a tenus dans le couple:

1) Elle est une jeune étudiante universitaire, sérieuse, couvée par ses parents et sans la moindre expérience de la vie.

    • Il est un jeune professeur de collège, créatif, rebelle et plein de vie.

2) Elle est une vraie fille de la terre; elle porte un enfant; c'est une merveilleuse cuisinière qui, en outre, tisse et fait de l'artisanat.

    • Il est un militant de la culture alternative et de la vie communautaire qui crée de nouveaux systèmes et de nouvelles formes dans les écoles et les quartiers.

3) Elle est une femme de carrière, qui assure par son salaire la subsistance de la famille. C'est un leader dans son organisation et dans sa communauté.

    • Il est sorti de la vie active institutionnelle pour s'occuper de nos enfants. C'est un poète et un penseur; il fait de la méditation.

4) Elle est une dirigeante expérimentée, un leader d'envergure nationale dans sa profession; elle a un très haut revenu; c'est un modèle pour notre fille adolescente.

    • Il est un entrepreneur, copropriétaire d'une entreprise de construction, qui s'engage beaucoup dans l'église et dans les services sociaux.

5) Elle est un cadre supérieur qui développe la conscience de son corps, apprend des langues étrangères, cherche de nouvelles formes de spiritualité et éprouve énormément de considération pour son mari.

    • Il est un consultant dans le domaine des affaires qui implante de nouvelles méthodologies organisationnelles plus efficaces, et éprouve énormément de considération pour sa femme.

Les deux complices étaient donc parfaitement conscients, on le voit, de la nécessité d'introduire de la nouveauté dans une relation qui évolue à long terme nécessairement. Et ils se sont montrés prêts à faire l'effort de s'inventer de nouveaux personnages. Ce qu'ils ont fait là est, au fond, tellement plus satisfaisant que faire sans cesse les mêmes choses avec divers partenaires à travers des aventures et des mariages multiples.

Voulez-vous m'aider?

Si ce livre vous a aidé, j'aimerais savoir en quoi précisément. Et le seul moyen que je le sache, c'est que vous m'écriviez pour me le dire. Peut-être n'arriverai-je pas à répondre individuellement à toutes vos lettres si j'en reçois beaucoup, mais je m'arrangerai pour formuler une réponse collective que j'enverrai à tous ceux qui m'écriront: je suis sûr qu'elle saura vous intéresser et vous être utile.

Écrivez-moi à l'adresse suivante:

William Glasser, Inc.
P.O.Box 3230
Canoga Park, California 91396-3230

Ressources

Pour participer à une formation, obtenir une consultation ou une conférence sur l'approche présentée dans ce livre, communiquez avec:

L'Association québécoise de la Théorie de la réalité	*The Institute For Control Theory, Reality Therapy and Quality Management*
2113, rue Fréchette	22024 Lassen Street, # 118
Saint-Émile (Québec)	Chatsworth, California
G3E 1R2	91311
Tél.: (418) 843-4754	Tél.: (818) 700-8000
	Fax: (818) 700-0555

Les Éditions LOGIQUES

INFORMATIQUE

Informatique (général)

Informatique / L'informatique simplifiée

LX-312	WordPerfect 6.1 Windows simplifié
LX-222	WordPerfect 6.0 Windows simplifié
LX-072	WordPerfect 5.1 Windows simplifié
LX-213	WordPerfect 6.0 DOS simple et rapide
LX-058	WordPerfect 5.1 DOS simple et rapide (Les exercices)
LX-057	WordPerfect 5.1 DOS simple et rapide
LX-053	WordPerfect 5.1 DOS simplifié
LX-042	WordPerfect 5.1 DOS avancé
LX-020	WordPerfect 5.1 DOS simplifié ang.
LX-104	WordPerfect 5.1 DOS simplifié format pratique
LX-023	WordPerfect 5.0 DOS simple et rapide
LX-022	WordPerfect 4.2 DOS simple et rapide
LX-093	WordPerfect 2.1 Macintosh simplifié

Informatique / Les Incontournables

LX-085	L'Incontournable Lotus 1-2-3
LX-087	L'Incontournable MS-DOS
LX-148	L'Incontournable Système 7
LX-092	L'Incontournabble Windows 3.1
LX-193	L'Incontournable Word 5.1 Mac
LX-195	L'Incontournable Wordperfect 6.0
LX-086	L'Incontournable Wordperfect 5.1
LX-150	L'Incontournable Word pour Windows

Informatique / Les Notes de cours

LX-385	Excel 7.0 Windows 95, fonctions de base
LX-277	Excel 5.0 Windows, fonctions de base
LX-259	Excel 5.0 Windows, fonctions intermédiaires
LX-216	Excel 4.0 Windows, fonctions de base
LX-270	Filemaker Pro 2 Mac, fonctions de base
LX-172	Harvard Graphics 1.02, fonctions de base
LX-271	Illustrator Mac, fonctions de base
LX-271	Illustrator Mac, fonctions intermédiaires
LX-372	Internet, fonctions de base
LX-330	Lotus 1-2-3 v. 5 Windows, fonctions de base
LX-321	Lotus 1-2-3 v. 5 Windows, fonctions intermédiaires
LX-214	Lotus 1-2-3 v. 4 Windows, fonctions de base
LX-243	Lotus 1-2-3 v. 4 Windows, fonctions intermédiaire
LX-190	Lotus 1-2-3 v. 1.1 Windows, fonctions de base
LX-167	MS-DOS 6.0, fonctions de base
LX-279	PageMaker, Windows Macintosh, fonctions de base
LX-317	PageMaker, Windows Macintosh, fonctions intermédiaire
LX-300	Photoshop 3.0 Macintosh, fonctions de base
LX-396	PowerPoint 7.0 Windows 95, fonctions de base
LX-280	PowerPoint 4.0 Windows Macintosh, fonctions de base
LX-273	QuarkXpress 3.3 Macintosh, fonctions de base
LX-274	QuarkXpress 3.3 Macintosh, fonctions intermédiaires
LX-161	Système 7 Macintosh, fonctions de base
LX-363	Windows 95, fonctions de base
LX-173	Windows 3.1, fonctions de base
LX-384	Word 7.0 Windows 95, fonctions de base

Business

Ésotérisme

Plaisirs

Religion

Humour

Humour / Bandes dessinées

SOCIÉTÉS – ÉDUCATION – LIVRES DE RÉFÉRENCE

Sociétés

Écoles / Théories et pratiques dans l'enseignement / Enseignement universitaire

LX-290   Coordonner et planifier les enseignements aux groupes multiples et aux grands groupes

ENFANTS – FICTION – ROMANS

Enfants

LX-014   Zoé à la garderie
LX-079   Zoé en automobile

Science-fiction

LX-158   L'année de la S.F. et du fantastique 1990
LX-247   L'année de la S.F. et du fantastique 1991
LX-018   Berlin-Bangkok
LX-017   C.I.N.Q.
LX-045   Demain l'avenir
LX-007   Dérives 5
LX-055   Étrangers!
LX-011   Les gellules utopiques
LX-039   Les maisons de cristal
LX-010   SF: 10 années de science-fiction québécoise
LX-059   Sol
LX-032   La ville oasis
LX-019   Vivre en beauté

Romans, nouvelles et récits

LX-231   Les bouquets de noces
LX-246   Femme… enfin!
LX-217   Les frincekanoks
LX-070   Histoires cruelles et lamentables
LX-126   Les parapluies du Diable
LX-354   Noëls, autos et cantiques
LX-383   Un purgatoire

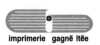

imprimerie   gagné ltée

IMPRIMÉ AU CANADA